中国与南亚

重点国家质量
基础设施比较研究

成都市标准化研究院 ◎编
南亚标准化（成都）研究中心

西南财经大学出版社
中国·成都

图书在版编目（CIP）数据

中国与南亚重点国家质量基础设施比较研究/成都市标准化研究院，
南亚标准化（成都）研究中心编.—成都：西南财经大学出版社，
2023.8
ISBN 978-7-5504-5744-7

Ⅰ.①中… Ⅱ.①成…②南… Ⅲ.①质量管理体系—对比研究—
中国、南亚 Ⅳ.①F273.2

中国国家版本馆 CIP 数据核字（2023）第 067983 号

中国与南亚重点国家质量基础设施比较研究
ZHONGGUO YU NANYA ZHONGDIAN GUOJIA ZHILIANG JICHU SHESHI BIJIAO YANJIU
成都市标准化研究院　南亚标准化（成都）研究中心　编

责任编辑：雷　静
责任校对：李建蓉
封面设计：墨创文化
责任印制：朱曼丽

出版发行	西南财经大学出版社（四川省成都市光华村街 55 号）
网　　址	http://cbs.swufe.edu.cn
电子邮件	bookcj@swufe.edu.cn
邮政编码	610074
电　　话	028-87353785
照　　排	四川胜翔数码印务设计有限公司
印　　刷	四川五洲彩印有限责任公司
成品尺寸	170mm×240mm
印　　张	12
字　　数	218 千字
版　　次	2023 年 8 月第 1 版
印　　次	2023 年 8 月第 1 次印刷
书　　号	ISBN 978-7-5504-5744-7
定　　价	72.00 元

本书编委会

主　编 庄媛媛

副主编 周惠芳　郭　妤

编　委（按姓氏笔画排序）

尹　响　申其辉　兰　菲　刘建辉　刘春卉　杨庆渝

李　上　李　思　李海斌　李慧宇　宋志辉　张思梦

张　浩　陈晓占　金国强　黄　苹　常　汞　谭晓东

戴永红

前　言

　　质量基础设施（national quality infrastructure，NQI）是一个国际通行的概念，是联合国贸易和发展会议（UNCTAD）和世界贸易组织（WTO）在 2005 年发布的《出口战略的创新——应对质量保证挑战的战略方法》中正式提出的。质量基础设施是一个国家建立和执行计量、标准、认可、合格评定及市场监管所需的质量体制框架的统称，内容包括技术体系、法规体系、管理体系等，是提高生产力、维护生命健康、保护消费者权利、保护环境、保障安全和提高质量的重要技术手段。质量基础设施的本质是一个高效、标准的质量和生态系统，是机构、法律、政策、监管等实践活动的框架和指导。计量机构、标准机构、认可机构、合格评定机构及其监管部门共同组成质量基础设施。质量基础设施的各要素相互联系，相互协调，共同保障和提升质量，履行质量评估职责，传递质量信任。

　　我们开展中国与以印度、巴基斯坦为代表的南亚重点国家的质量基础设施建设情况的比对研究，主要目的在于发现印巴两国质量基础设施建设发展过程中存在的优势与不足，并以此为切入点，通过比对分析，从中总结值得中国借鉴的经验和做法，从而做强、做优中国质量基础设施，为优化中国质量基础设施提出建议。同时发挥中国自身优势，助力印巴两国打造优质的国家质量基础设施，实现中印、中巴在技术领域的互联互通，以助推中国外向型企业的产品顺利进入南亚市场，进一步拓展中国在南亚的贸易投资领域，以及深化中国与南亚的合作关系。

　　本书对印度、巴基斯坦质量基础设施建设情况进行综合全面的研究，并就中国与印巴两国的质量基础设施政策战略、法律法规、体制机制、实践活动等方面进行比对分析，以期让我国外向型企业了解印巴两国市场准入条件，为有意在印巴两国投资设厂运营的企业提供基础性资料，为我国与南亚国家开展质量基础设施建设合作、建设中国优质质量基础设施提供参考。

编者

2023 年 4 月

目　录

第一章　印度质量基础设施发展情况 / 1

第一节　印度质量基础设施发展历史沿革 / 1

第二节　印度质量基础设施政策战略 / 5

第三节　印度质量基础设施法律法规 / 10

第四节　印度质量基础设施管理机制 / 14

第五节　印度质量基础设施实践活动 / 35

小结 / 45

第二章　巴基斯坦质量基础设施发展情况 / 48

第一节　巴基斯坦质量基础设施发展历史沿革 / 48

第二节　巴基斯坦质量基础设施政策战略 / 52

第三节　巴基斯坦质量基础设施法律法规 / 60

第四节　巴基斯坦质量基础设施管理机制 / 66

第五节　巴基斯坦质量基础设施实践活动 / 98

小结 / 121

第三章　中、印、巴质量基础设施比较分析 / 123

第一节　发展历程比对 / 123

第二节　政策战略比较分析 / 125

第三节　法律法规比较分析 / 133

第四节　管理机制比较分析 / 141

第五节　实践活动比较分析 / 161

第四章　中、印、巴质量基础设施互联互通合作建议 / 172

第一节　国际层面 / 173

第二节　国内层面 / 177

结束语 / 180

参考文献 / 181

第一章　印度质量基础设施发展情况

印度的质量基础设施体系由建立和执行标准与技术法规、认证认可及市场监管与计量所需的所有公共和私营机构组成，以确保市场行为者的合规性，满足用户对质量的期望。本章将从印度质量基础设施相关政策战略、法律法规、机构运行机制及其组织或参与的国内外实践活动等方面出发，对印度国家质量基础设施体系进行分析阐述。

第一节　印度质量基础设施发展历史沿革

质量基础设施在国家经济发展中承担着关键任务，是国家产业发展中经济政策的有力支撑。印度的国家质量基础设施体系的发展主要分为四个阶段，如表 1.1 所示。

表 1.1　印度国家质量基础设施体系发展的四个阶段

发展阶段	质量基础设施的关键发展
阶段 1：建立法律框架与相应机构时期（1947—1965 年）	为满足标准制定、计量、检验检测、出口质量以及必要技术法规制定的需要而设立国家机构
阶段 2：经济低增长与许可证时期（1965—1980 年）	推广政府支持的产品认证；为食品和农业制定标准
阶段 3：部分自由化与取消管制时期（1980—1991 年）	通过汽车行业的合作引入全球标准；行业采用质量管理体系
阶段 4：机构改革与融入世界经济时期（1991 年至今）	设立国家认可委员会；国外合格评定机构在印度设立办事处或分支机构；技术法规数量增长

（资料来源：KHUSHWANT S, PHILIP G, ALOK K, et al. Overview of India's quality infrastructure：A guide to standardisation, conformity assessment, accreditation, market surveillance, and metrology [R]. Indo-German Working Group on Quality Infrastructure ｜ Knowledge Series 1, 2018.）

一、建立法律框架与相应机构（1947—1965年）

1945年至1965年，印度建立起由重工业以及基本基础设施组成的产业体系，并设立了至关重要的质量技术公共机构，支持和指导工业和其他经济活动。印度标准协会（Indian Standards Institution，ISI）成立于1947年，是当时最重要的公共机构之一，其职能是制定印度标准并开展质量认证，以支撑产业发展。1952年《印度标准协会（认证标志）法》［Indian Standards Institution (Certification Marks) Act，1952］的出台确立了开展质量认证的合法性。1987年，印度标准局（Bureau of Indian Standards，BIS）取代了ISI。此外，印度政府于1950年成立国家计量机构，即印度国家物理实验室（CSIR-National Physical Laboratory，CSIR-NPL）。

与此同时，印度也不断强化国家实验室基础设施建设的力度，并对官方检测实验室进行现代化改造。譬如，在加尔各答建立国家检测所（National Test House，NTH）；其电力部门也成立了中央电力研究机构（Central Power Research Institution，CPRI）。

印度最早的技术法规之一《防食品掺假法》（Prevention of Food Adulteration Act）于1954年出台，现已被纳入《食品安全和标准法（2006）》（Food Safety and Standards Act，2006）。1956年，印度政府通过了《度量衡标准法》（Standards of Weights and Measures Act）并引入公制。1958年至1962年，公制度量衡逐渐被强制使用。随后，印度政府成立了出口检验委员会（Export Inspection Council），该机构通过质量控制和检验项目支持印度出口。

二、经济低增长与许可证时期（1965—1980年）

由于"二五"计划（1956—1961年）和"三五"计划（1961—1966年）过分强调发展重工业，忽视农业和轻工业，印度国民经济比例严重失调，加上印巴战争和中印边界冲突的财力消耗及连续两年干旱，20世纪60年代中期，印度工农业产出大幅度下降，粮食危机和外汇危机交织发生。为了增加粮食产量、缓和粮荒，印度着重推广绿色革命和鼓励私人投资。在此背景下，BIS设立了粮食和农业行业理事会（Food and Agriculture Dvision），通过设备、机械和食品加工的标准化促进农业部门的发展。在农业稍有好转的形势下，20世纪60年代末至70年代初，印度先后对14家私营大商业银行、保险公司、煤矿和石油企业实行国有化。1974年颁布的《外汇管理条例》，对外国投资进一步加以限制，以保护民族工业。① 在这一时期，印度经济形势恶化，严格的许可证制度导致经济增速和工业发展速度大幅下降，限制进口和外国投资也导致商品短缺和质量下降。

已建立的印度标准协会、印度国家物理实验室和国家测试所等国有质量基础设施公共机构在这种环境下运行不佳，导致印度质量基础设施发展缓慢。唯一的例外是 ISI 标志产品认证制度，ISI 产品认证逐渐在消费者群体中盛行起来。直到 20 世纪 90 年代初，在 ISO 9001 等管理体系认证出现之前，ISI 产品认证一直是印度唯一得到广泛认可的认证制度。

三、部分自由化与取消管制时期（1980—1991 年）

20 世纪 80 年代，印度进行经济调整，实行进口替代与促进出口相结合的发展模式。在这一时期，印度选择性地取消许可证，放宽进口标准，允许私人投资基础设施建设，以刺激经济增长。印度积极与日本汽车制造商开展技术合作、引进先进技术和标准、大力支持电信行业发展，由此为印度质量基础设施体系和产业发展注入了新动能，对改善印度整体质量状况产生了积极影响。

这一时期，印度当局根据《基本商品法（1955）》（*Essential Commodities Atc*，1955）出台了系列技术法规，以保障基本消费品的有序供应，减少因货物囤积和黑市交易造成的商品短缺问题。然而，由于缺乏有力的处罚条款，这些法规的实施效果不佳。后来这些法规条款多为《印度标准局法（1986）》（*The Bureau of Indian Standards Act*，1986）所采纳。《印度标准局法（1986）》的出台标志着标准制定和产品认证的首个全面法律框架的确立，为印度采用国际标准和应用推广认证制度提供了重要的法律依据。

为了建立检测和校准实验室的协调机制，印度科技部（Department of Science and Technology）于 1981 年成立了检测和校准设施国家协调机构（National Coordination of Testing and Calibration Facilities）。该机构建立了实验室认可方案，在过渡到正式的委员会之前，已对 175 个印度实验室进行了认可。随着汽车和工程行业发展的日趋成熟，以及 ISO 9001 系列标准的发展，印度不断引进推广海外合格评定机构，印度本土也涌现出除产品认证以外的其他认证类别。

四、机构改革与融入世界经济时期（1991 年至今）

印度从 1991 年开始推行经济自由化政策，如减少许可证管制措施、放松

---

① 孙士海，葛维钧. 列国志：印度 [M]. 北京：社科文献出版社，2006.

对外国投资和技术进口的管制力度，促进市场竞争。1995 年，印度作为创始成员国加入世界贸易组织（WTO），签署了《技术性贸易壁垒协定》（简称《TBT 协定》）和《实施卫生与植物卫生措施协定》（简称《SPS 协定》）。同时，印度信息技术产业开始成熟，进入全球市场，服务业也步入标准化发展阶段。

在这一时期，印度的质量基础设施体系得到了巩固。其中，最关键的发展是检测和校准设施国家协调机构（NCTCF）于 1998 年改组为国家测试和校准实验室认可委员会（National Accreditation Board for Testing and Calibration Laboratories，NABL）。同时，与质量基础设施体系相关的行业协会得到前所未有的发展，三个主要的国家行业协会：印度工业联合会（Confederation of Indian Industry，CII）、印度工商联合会（Federation of Indian Chambers of Commerce and Industry，FICCI）及印度联合工商会（Associated Chambers of Commerce and Industry of India，ASSOCHAM）与印度政府合作，共同建立了印度质量委员会（Quality Council of India，QCI）。QCI 最早设立的认可委员会是国家认证机构认可委员会（National Accreditation Board for Certification Bodies，NABCB）。国家认证机构认可委员会的成立为认可其他形式的合格评定方案扫清了障碍。

这次机构改革还促进了印度与全球贸易伙伴签署互认协议。NABCB 和 NABL 分别与亚太实验室认可合作组织（Asia Pacific Laboratory Accreditation Cooperation，APLAC）、国际实验室认可合作组织（International Laboratory Accreditation Cooperation，ILAC）、太平洋认可合作组织（Pacific Accreditation Cooperation，PAC）及国际认可论坛（International Accreditation Forum，IAF）完成了多边互认安排（MLA）和互认协议（MRA）的签订。在这一时期，跨国合格评定机构开始在印度设立分公司及办事处开展业务。最初，所有管理体系认证机构的认可均由海外机构进行操作。然而，自 2000 年起，NABCB 开始对认证机构进行认可，而中小微企业部（Ministry of Micro，Small & Medium Enterprise，MSMEs）宣布在 NABCB 的支持下向中小企业提供 ISO 9001 认证补贴。2007 年，QCI 又设立了两个认可委员会，分别是教育与培训国家认可委员会（National Accreditation Board for Education and Training，NABET）和医院国家认可委员会（National Accreditation Board for Hospitals，NABH）。[①]

印度政府通过《印度标准局法（1986）》获得了对产品进行 BIS 认证并

---

① KHUSHWANT S, PHILIP G, ALOK K, et al. Overview of India's quality infrastructure ［R］. Deutsche Gesellschaft für & Internationale Zusammenarbeit（GIZ）GmbH, 2018.

强制执行的权力。然而，该法案在产品范围和合格评定方案的选择方面受到了限制。经修订的《印度标准局法（2016）》在这方面进行了改进，为印度标准局发布技术法规提供了更广泛的范围与选择。

第二节　印度质量基础设施政策战略

21 世纪以来，印度质量基础设施体系的重要性日益凸显。为适应急剧变化的全球化局势，2014 年至 2017 年，印度商工部、印度工业联合会、印度标准局及印度认证机构国家认可委员会等相关部门及机构联合举办印度国家标准年度会议，主要就制定印度标准化国家战略进行专题讨论。2018 年 6 月，《印度国家标准战略（2018—2023）》（*India National Standards Strategy*（2018—2023），INSS）正式出台。2019 年 3 月 29 日，印度标准局发布了相应的《标准国家行动计划》（*Standards National Action Plan*，SNAP）并将其作为 INSS 的补充材料。该行动计划明确规定了三年内需达成的目标。

INSS 充分考虑了印度各部门的发展现状、现有的质量基础设施与国内经济发展情况，以及与商品和服务贸易有关的政策方向，提出了质量生态系统的五大支柱："标准制定""合格评定、认可和计量""技术法规和 SPS 措施""意识培育、咨询、教育培训"。INSS 为印度领导层如何更好地利用标准化、技术法规等质量基础设施相关活动来提升印度在全球经济中的利益与福祉提供了指导。因此，INSS 虽然名为国家"标准化"战略，但根据其涉及的内容，实为印度质量基础设施战略。

一、标准

根据 INSS 对标准的战略定位，印度旨在建立一个动态、协调和优先驱动的标准生态系统，以提高印度产品和服务的竞争力，促使印度成为全球标准化的领跑者。标准战略的核心内容确定了"八大目标"。

（一）融合印度所有标准开发活动

INSS 强调了印度国家标准机构——印度标准局（BIS）在协调发展制定标准、监督标准化活动中的核心作用。除印度标准局之外，印度还有其他标准制定机构（如 SDOs），并且越来越多国外的标准制定机构也在印度设立了办事处，以便聘请专家并推广其自有标准的应用。然而，印度目前还没有一个能认可或整合这些标准使其成为国家标准的专门系统。

为了扩大标准制定活动的基础和加快标准制定的步伐，印度首先应提升现有标准制定机构的能力，加大资源建设力度，鼓励在新兴领域、尖端技术领域，尤其是数字技术领域、可持续实践领域、清洁能源和智能城市领域成立新的SDOs；其次要求SDOs与其相应的国际机构建立联系、开展工作，旨在缩小印度产业标准与国际标准的差距；最后，为确保SDOs遵守WTO的规范与准则，以及相关委员会做出的决议，印度需要制定一套SDOs的认可计划。

（二）建立新的标准识别和制修订的动态机制

印度现有的标准体系难以识别潜在标准用户的需求。海外标准机构制定的一些广泛使用的标准也并未在印度被采用。标准的缺失意味着印度的标准体系与国际标准存在很大差距，甚至印度在某些领域仅存在指导标准或行为准则，缺乏相关产品标准。因此，印度下一步需要让标准化成为所有行业的一个重要目标，包括建立对话论坛，阐明并优先考虑标准制定的需求；通过标准化为印度企业创造机遇；关注与经济、社会和可持续发展相关的关键部门等。

（三）所有利益相关者都参与标准制定

有效的标准制定需要所有利益相关方和专家的充分、持续参与，简而言之，需要增强企业、政府和包括消费者在内的民间社会团体对标准和合格评定实践的作用和益处的认识；为与标准相关的活动创建中央层面、地方层面的论坛；建立筹资机制，保障各利益相关者参与标准制定。

（四）与国际标准相协调

INSS明确强调，印度标准要与国际标准相协调，以打破技术贸易壁垒，改善印度产品和服务的市场准入情况。为确保印度企业在国内和海外市场的竞争力，印度商品和服务必须在符合国家优先事项和要求的规定下，考虑贸易限制最小化，以符合全球认可的标准。

一是印度标准与国际标准相协调的侧重点应放到产品/装备/硬件标准上，遵照相关行为规范、测试方法或调整相关标准；二是当由市场驱动的私营标准占有较大的市场份额和用户基础时，须避免国家标准与私营标准的冲突；三是为以信息和通信技术（ICT）、数字技术为标准的制定带来新挑战，需要特别关注标准与专业技术的衔接。INSS特别提出电信行业标准化发展需要印度标准局（BIS）、印度电信工程中心（TEC）、印度电信标准发展学会（TSDSI）的密切合作，发挥协同效应。

（五）明确可以在印度率先开展标准化工作的领域

一直以来，印度的标准化工作处于跟随国际发展的状态。INSS强调印度有许多极具商业潜力的领域，有必要对这些传统优势领域进行开拓创新；对有时限的项目制定服务标准；以研发为基础，开发创新前沿标准。

（六）系统、持续地参与国际和区域标准化工作

印度有必要确保国际标准中不含有使本国企业处于不利地位的条款。为了确保这一点，印度要让既了解技术要求，也了解技术要求对贸易和商业影响的专家积极参与国际标准的制定。因此，INSS战略中提到，印度政府应为专家参与国际标准制定提供全额拨款，简化拨款流程，并根据商定的原则自动划拨；在技术委员会、国际机构及合作中扮演领导角色；在私营标准的制定中发挥积极作用等。

（七）发展服务业标准

由于服务业在印度和全球经济中占有重要份额，印度迫切需要制定服务业标准。印度政府确定了信息技术和基于信息技术的服务（IT & ITeS）、医疗旅游、运输和物流服务、通信服务等12个"最佳服务业领域（CSS）"作为重点发展领域。印度政府将制定新标准作为推动"最佳服务业领域"发展倡议的有力措施。

因此，INSS中提出了成立国家专职小组，其职责主要是：加快服务业标准制定工作进程；确定服务质量差距、相关基础设施和职业技能的标准；基于差距分析，快速跟踪，制定国家标准，以及在国际服务业标准制定工作中发挥领导作用等。

（八）创建生态系统以应对私营可持续性标准的挑战

当前，私营可持续性标准（PSS）已成为全球趋势，正显著地影响着国际经济贸易，但PSS是由买方联盟或可持续发展的公益机构驱动的，已超出了目前WTO规制的范围。许多PSS缺乏全球利益相关方的磋商机制，也不具有参与性或透明度。因此，INSS中提出需要国家层面的机制来应对PSS构成的挑战，包括识别影响出口的所有私营可持续性标准；建立由专家组成的国家应对机构，并在标准制定过程中谋求话语权；在需要时制订相应计划，开发专家资源，以发展国家质量生态系统等。

二、合格评定与计量

INSS战略中涉及合格评定与计量五个方面的核心内容，旨在建立可靠、强大的合格评定基础设施，并将其作为监管替代补充方案，助力印度出口升级。

（一）提高合格评定方案在国内外市场的可信度

合格评定属于印度国家质量基础设施体系的一部分。在印度，合格评定服

务应由印度国家认可委员会指定的专门组织或合格评定机构（CABs）提供，甚至有时直接由监管机构提供。然而，相当数量的合格评定机构并未在国家认可委员会登记注册，仍然在公开持续运营，因此，印度认可机构在监管和问责制度方面仍存在空白。INSS 提出，允许采用多种模式的合格评定方案，如推行自我监管机制，减少对强制监管的依赖；鼓励所有合格评定机构获得国家认可委员会的认可；建立一个市场监督管理机构来监管第三方和自我监管的一致性。

（二）通过互认协议确保全球对等权益

印度国家认可委员会已通过一系列多边互认协议，获得了 IAF 和 ILAC 框架内的正式成员资格。在这个认可框架下，其产品或服务仅需符合国际市场准入的最低资格标准，但是，在大多数情况下，进口国的监管还须符合其他的合规要求。INSS 提出，根据产品和服务范围描述的合格评定要求，系统性地建立完善的标准有助于实现对等权益的基础设施构建，建议贸易主管部门即印度商务部联合各相关部委/监管机构通过出口检验委员会、印度标准局、国家认可委员会等机构进行领导和协调。

（三）推广"品牌印度"（Brand India）以获得对印度产品的全球认可

为了扩大印度产品对全球消费者的影响力，"品牌印度"标签计划需要对标全球领先的认证计划。因此，INSS 建议制定基于国际最佳实践的"品牌印度"标签方案。具体措施包括：一是实施基于印度、国际以及进口国标准的出口产品认证；二是开放产品、流程和服务的多种认证途径；三是鼓励政府赞助的出口促进组织、行业组织、海外代表团积极推广与应用认证方案。

（四）降低企业合格评定成本，增强全球竞争力

合格评定方面，INSS 提出政府应在预算拨款中对中小微企业的财政资助，包括在合格评定的所有类型中，减轻中小微企业在满足监管要求和海外市场准入要求方面的合规负担。

计量方面，INSS 也计划为中小微企业建立通用测试设施。在该计划框架下，政府将为所有实验室提供技术援助，在国家层面建立可追溯的测量手段，并获得 NABL 的认可。

（五）积极参与合格评定相关国际活动

合格评定方面，由于国际标准化组织合格评定委员会（ISO/CASCO）的标准对合格评定方案在全球范围内的推行产生了深远的影响，INSS 提出推动有关机构参加 ISO/CASCO 所有工作小组的活动并承担领导职务，通过参与国际标准化活动来确保国际标准反映印度的国家要求和企业意见。目前，印度标

准局成立了国内技术归口单位，其参与成员来自认可委员会、行业主管部门或组织、其他标准制定机构等。

计量方面情况类似，INSS 提出应确保印度国家物理实验室（NPL）与法定计量司（Department of Metrolgy）积极参与国际计量局（BIPM）和国际法定计量组织（OIML）的国际活动。

三、市场监管

市场监管在印度国家标准战略中扮演了非常重要的角色，其目的是保障印度消费者权益及国家安全。INSS 的四大支柱都或多或少涉及市场监管或监管部门，其中涉及"技术法规和 SPS 措施"和"合格评定与计量"方面的内容最多。

（一）分离监管机构的职能，避免潜在的利益冲突

由于历史原因，印度的行业主管部门、监管机构、合格评定机构等经常产生利益冲突。因此，INSS 提出在机构体制上逐步分离职能，强化监管框架的有效性。

一是行业主管部门（部委）为监管立法，如食品安全标准方面法规，并建立相关的监管机构/组织，制定所需政策，并为监管框架设立规则。

二是监管机构在适用的法令下发布特殊法规/指令，建立必要的市场监督（包括港口控制）、合格评定以及执法的框架体系（包括能开展搜查、扣押行动和起诉不合格生产商和服务供应商的职能）。

三是认可机构按照国际标准和监管机构规定的要求来认可合格评定机构。

四是合格评定机构提供独立于监管机构的第三方合格评定（认证、检验、检测）服务。

市场监督机构针对投入市场的产品开展上市前与上市后的检测（包括港口控制），甚至可能对不合格生产商和服务供应商实施搜查、扣押或起诉措施。

（二）充分利用技术法规与 SPS 措施，确保在监管覆盖区域受到保护

技术法规及 TBT/SPS 措施也是进行市场监管的有力措施。根据印度与大多数国家产品和服务的监管比较研究，印度的技术法规与 SPS 措施在数量上以及需遵循的技术要求上都存在明显差距。因此，INSS 一方面强调对技术法规和 SPS 措施的覆盖领域、技术要求的差距进行分析，并系统性地消除差距。另一方面，考虑监管目的，技术法规及通报在内容上应基于已有标准或专家撰写的技术要求，如涉及产品、流程或服务的必要要求，并与各利益相关方磋商后

才能确定。同时，针对技术法规及通报，印度还应建立以数字化平台为基础的动态响应机制，使监管机构及企业充分了解其影响，并及时给予通报反馈。

（三）建立全面、有效的监管工具和监督机制

INSS 提出，一是应根据全球效果较好的监管实践来制定与标准、合格评定、技术法规相关的新立法。该立法应适用于目前所有不在特定部门条例管辖范围内的区域，并规定应在必要时设立独立的监管机构。它还应包括关于管制影响评估、定期审查及"日落条款"[①] 方面的规定。

二是随着越来越多的产品被纳入监管，产品上市后的实际合规性测试的手段有限，应建立一个全国市场监督计划来监督市场上流通的产品的合规性，流通领域的监管结果将影响合格评定的有效性。

三是预计对产品入市后的监管及测试方面的要求会增多，因此 INSS 要求设立专门机构来执行或协调市场监管。而市场监管势必要对从流通市场上抽取的产品进行测试；故意欺骗行为发生时，市场监管方要采取相应的执法行动。

（四）对高效监管实践和监管影响评估的良好理解

INSS 中提出，基于良好监管实践和监管影响评估，搭建政策指南框架，在此框架下进行技术法规的制定、实施、审查和修改。同时，加强对遵循良好监管实践和监管影响重要性的意识培训。

除上述几个方面以外，印度在质量基础设施战略中尤其强调"意识培育、咨询、教育培训"的重要性，旨在在全国范围内树立质量观，让每个公民、组织和机构了解并重视标准化及相关活动带来的益处。

第三节　印度质量基础设施法律法规

一、标准

1947 年，印度政府根据《社团登记法》在新德里成立了印度标准协会（ISI），ISI 负责制定印度标准，帮助和支持行业发展。1986 年，印度重新审查了 ISI 的组织结构和运行情况，评估了标准对印度经济发展和产业技术进步的影响，认为必须把标准与行业生产和出口的发展有机结合起来，因此对标准化

---

① 日落条款（Sunset Clause）指规定各种法律规范性文件的有效施行期限的条款，设置了"日落条款"的法律也称为限时法，限时法是指立法者在立法之初即已预见到法律有效施行的期间，只要期限一到，该条款自动失效。

和质量控制提出了新要求。

（一）《印度标准局法（1986）》

1986 年出台的《印度标准局法（1986）》规定了协调发展标准化、商品标志和质量认证等方面的责任和权力。《印度标准局法（1986）》总共分为五部分内容：

第一部分：序言，包括法令标题、范围、生效以及相关释义；

第二部分：印度标准局设立章程、组织机构、管理办法、权利与责任等；

第三部分：印度标准、认证以及授予许可证等相关问题；

第四部分：财务、账目及审计；

第五部分：中央政府权限、人员任命等其他规定。

（二）《印度标准局法（2016）》

《印度标准局法（2016）》沿用《印度标准局法（1986）》的整体框架结构，依然分为序言，印度标准局设立章程、组织机构、管理办法、权利与责任等，印度标准、认证以及授予许可证等相关问题，财务、账目及审计，以及其他五部分内容。通过该法案的修订，印度标准局调整其政策及计划，改革合格性评定程序，扩大法案适用和选择范围，加强政府监管。其修订的主要内容包括：

（1）强化印度标准局作为印度国家标准机构的职能；

（2）允许多种类型的合格评定方案并存；

（3）政府对涉及公共利益方面的商品、工艺流程或服务实行强制性认证，比如保障人类和动植物健康、环境安全及国家安全，预防不公平贸易行为的产生等；

（4）对贵金属制品纯度执行强制性认证；

（5）对不符合印度标准的商品，撤销其产品认证标志；

（6）加强处罚，使复合罪行和某些违法作为可以被审理。

基于《印度标准局法》及其修订版本，印度还补充出台了一系列法规与条例，如《印度标准局条例》《印度标准局（咨询委员会）条例》《印度标准局（标志）条例》等。

二、认可与合格评定

1952 年，印度通过了《印度标准协会（认证标志）法》［*Indian Standards Institution（Certification Marks）Atc，1952*］。印度标准协会根据该法案启动了认证标志计划，并于 1955 年正式开始向符合印度标准的制造商授予 ISI 标志。

《印度标准局法（1986）》［*The BIS（Certification）Regulation*，1988］颁布之后，《印度标准局（认证）条例（1988）》［*The Burean of Indian Standards（Conformity Assessment）Regulations*，2018］也正式出台，规定了产品认证和体系认证的管理规程，后为《印度标准局（合格评定）条例（2018）》所取代。

《印度标准局（合格评定）条例（2018）》总共分为：

第一部分：法令标题与生效；

第二部分：相关释义；

第三部分：合格评定方案；

第四部分：允许许可证或认证标志使用的申请；

第五部分：授权许可证或认证标志使用；

第六部分：允许许可证或认证标志使用的条件；

第七部分：许可证的有效性；

第八部分：许可证或认证标志使用的更新；

第九部分：更改许可证或认证标志使用的范围；

第十部分：暂停许可证或认证标志使用；

第十一部分：取消许可证或认证标志使用；

第十二部分：签发合格评定证书的申请；

第十三部分：签发合格评定证书；

第十四部分：签发合格评定证书的条件；

第十五部分：合格评定证书的有效时间；

第十六部分：合格评定证书的更新；

第十七部分：合格评定证书的范围变更；

第十八部分：暂停合格评定证书；

第十九部分：取消合格评定证书；

第二十部分：合格评定方案。

《印度标准局（合格评定）条例（2018）》自出台之后，每年都进行修订。2022 年 3 月 16 日，《印度标准局（合格评定）修订条例（2022）》［*BIS（Conformity Assessment）Amendment Regulations*，2022］出台。该条例在合格评定方案的流程、投诉、费用、标签标识要求以及证书的适用期限、范围、更新、撤销等方面进行了更新。

三、计量

1956 年，印度政府通过《度量衡标准法（1956）》（*Standard of Weights*

and Measure Atc，1956），并逐步引入公制。1958 年至 1962 年，印度在国内强制实施公制度量衡。1976 年，《度量衡标准法（1967）》（Standard of Weights and Measure Act，1976）正式出台，替代了《度量衡标准法（1956）》。随后，印度消费者事务、食品及公共分配部消费者事务司制定了《包装商品度量衡使用标准规定（1977）》［Standards of Weights and Measures（Packaged Commodities）Rules，1977］，规定所有包装商品的进口都要符合《包装商品度量衡使用标准规定（1977）》的要求。这些度量衡法规的制定，为包装商品营造了一个公平的贸易环境，其规则确保了消费者获得必要信息的基本权利，比如商品特性、生产商名称和地址、商品毛重、生产日期、标注的最高售价。

随着计量工作的重要性日益显著，《法定计量法（2009）》（Legal Metrology Atc，2009）于 2010 年 1 月 31 日正式发布，取代了《度量衡标准法（1976）》以及其 1985 年的执行法案，并于 2011 年 3 月 1 日强制执行。《法定计量法（2009）》是制定和执行度量衡标准的法令，按度量衡来规范货物贸易和商业。该法令总共分为以下五个部分：

第一部分：序言，包括法令标题、范围、生效及相关释义等；

第二部分：标准度量衡；

第三部分：人员的任命和职权；

第四部分：度量衡的验证与确认；

第五部分：罪行与处罚。

印度消费者事务、食品及公共分配部根据《法定计量法（2009）》［Legal Metrology（Numeration）Rules，2011］第 52 条授予的权力，制定了《法定计量计数规则（2011）》。除此之外，印度与法定计量相关的还有《法定计量（包装商品）规则》《法定计量通则》《法定计量（国家标准）规则》《法定计量（型号审批）规则》《法定计量（包装商品）修订条例》等一系列法规与条例。

四、市场监管

1955 年，印度颁布了《基本商品法（1955）》，并据此出台了与钢管（1978 年）、电器产品（1981 年）和水泥（1983 年）等相关的技术法规文件。《基本商品法（1955）》主要侧重于管控基本消费品的有序供应，减少因货物囤积与黑市交易而造成的商品短缺问题。然而，该法案缺乏足够全面的处罚条款，影响监管工作推进效果。《印度标准局法（1986）》的出台为以标准制定和合格评定为基础的市场监管构建了第一个全面的法律框架。2017 年 10 月，《印度标准局法（2016）》正式生效。《印度标准局法（2016）》作为一项具有里程碑意义的法律文件，它为强制性标准（技术法规）的实施提供了法律依据。

印度技术法规形式多样。一是通过法案的形式成立法定机构进行管理，如《印度标准局法》；二是以法案框架下的法规形式出现，如《药品和化妆品法》框架下的《医疗器械条例（2017）》；三是直接以法规的形式出现，如《食品安全与标准（食品企业许可和注册）法规（2011）》；四是以直接发布质量控制指令（QCOs）的形式出现。技术法规规定了适用范围、适用对象、许可证或批准要求、批准机关、负责执行的机关、执行标准或基本要求、在批准前和批准后取样的权力、进行搜查和扣押的权力等。

值得一提的是，当现行行业法律法规无法满足产品监管的临时需求时，相关部委或监管机构通常采用发布质量控制指令的方法来填补"监管缺口"。目前的质量控制指令主要涉及印度标准局的合格评定方案等内容。根据 WTO 的要求，在签发质量控制指令的同时也须进行公众咨询和通报。印度目前尚未出台涉及规范监管行为，如实行监管影响评估、风险评估或监管审查的正式法律法规。

第四节　印度质量基础设施管理机制

一、标准

（一）机构组织及职能

1. 国家标准机构——印度标准局

印度标准局是印度法定的全国性标准和认证管理机构，隶属消费者事务、食品及公共分配部，负责印度标准制定和认证事务，在标准化建设中发挥着重要作用。印度标准局虽为社会法人团体，却行使政府职能，其主要任务是制定并管理国家标准，实施合格评定制度，代表国家参与国际标准化活动等。印度标准局除了负责监察印度标准的发展以外，还负责协调各公共部门利益相关方，并促进技术委员会的组建。

（1）组织架构。

印度标准局总部设在印度首都新德里，总负责人是印度标准局局长，他直接向印度消费者事务、食品及公共分配部中央部长汇报工作。印度标准局局长下设 1 名附加局长（ADC）、1 名副局长（DDGRs）、1 名首席监察官（CVO）以及 2 名处长即认证处处长及标准化处处长（DDG-certification 与 DDG-standardization）来分管不同领域的具体工作。局长分管行政管理、财务处、消费者事务及公共监察处、国家标准化培训中心、管理系统认证处、地区检验检测实验室等 8 个分支处、室。副局长则分管各地区办公室及各分支办公室。首席监察官负责管理全国的投诉事务。认证处处长分管中央认证标志部门（CMDs）与外国制造商认证部门（FMCD）。标准化处处长分管标准、政策与规划部（SPPD）、国际关系与技术信息服务部（IR&TISD）、信息技术服务部（ITSD）等部门。①

印度标准局的管理委员会由 27 名代表组成，分别代表中央和邦政府、国会议员、产业界代表、科学研究机构、消费者组织和专业团体的利益。其中，中央联邦消费者事务、食品及公共分配部任主席，邦消费者事务、食品及公共分配部任副主席。② 此外，印度标准局还设有执行委员会和咨询委员会。执行委员会由 14 名成员组成，行使管理委员会授予的职能和权力。咨询委员会通常解决技术问题，下设财务咨询委员会、标准咨询委员会、实验室咨询委员会、认证咨询委员会、消费者政策咨询委员会、规划和发展咨询委员会等。依照行政区划，印度标准局在全国设有 8 个实验室、5 个地区办公室，分别管理各自辖区内的标准及认证事务；设立了 32 个分支办公室，具体管理当地的标准及认证事务。分支办公室隶属所属的地区办公室。

（2）技术委员会。

印度标准局按照 ISO/IEC 规定的公开、透明原则和 WTO/TBT 的政府采购委员会（Committee on Government Procurement）的要求，负责印度国家标准的制定工作。印度标准局的技术委员会包括部门理事会（Division Councils）、行业委员会（Sectional Committees）、分委员会（Subcommittees）和小组（Panels）。部门理事会、行业委员会、分委员会每三年进行一次换届，小组的任期由相应的行业委员会决定。

部门理事会（Division Councils）由咨询委员会在规定的技术领域内设立，任命委员会主席及成员，界定其工作范围以及协调活动，其成员包括各利益相关方的代表如消费者组织、监管机构及其他政府机构、产业界代表、检验检测机构、咨询机构等。部门理事会主要职能包括根据国家的需要，建议相关领域制定相关标准；在其工作领域内设立行业委员会，划定工作范围，任命主席和成员，协调活动；批准所辖行业委员会的工作建议，指导行业委员会工作；对

---

① 参考印度标准局的网站 https://bis.gov.in/? page_id=2384.

② 参考印度标准局的网站，网址为 https://www.bis.gov.in/index.php/the-bureau/organization-2/.

制定标准需开展的研究和研制工作提出建议；研究与其工作领域相关的国际标准组织及委员会的标准制定工作，对参加国际标准化活动的范围和方式提出建议；对现行标准的实施提出建议等。

行业委员会（Sectional Committees）成员由部门理事会任命，在必要时也可由印度标准局任命来制定特殊标准或进行标准分类。行业委员会中也包括印度标准局官员和各利益相关方的代表。[①]

印度标准局针对包括生产与通用工程（Production and General Engineering）、化学（Chemical）、土木工程（Civil Engineering）、电子与信息技术（Electronics and Information Technology）、食品和农业（Food and Agriculture）、机械工程（Mechanical Engineering）、管理和体系（Management and Systems）、医疗设备和医院规划（Medical Equipment And Hospital Planning）等16个领域设立了相应的部门理事会（Division Councils），将标准制定工作分配给涉及不同的技术范围的技术委员会。印度标准局技术部门专业技术委员会发布标准数量情况详见表1.2。

表 1.2　印度标准局技术委员会发布标准数量

标准领域	代码	出版数量	标准领域	代码	出版数量
生产与通用工程	PGD	2 523	机械工程	MED	1 370
化学	CHD	1 957	医疗设备和医院规划	MHD	1 514
土木工程	CED	1 871	冶金工程	MTD	1 710
电子与信息技术	LITD	1 711	石油、煤炭及相关产品	PCD	1 472
电工学	ETD	1 825	纺织业	TXD	1 484
食品业和农业	FAD	2 199	运输工程	TED	1 222
管理和体系	MSD	436	水资源	WRD	463
服务领域部门 I	SSD-I	107	服务领域部门 II	SSD-II	15

数据来源：印度标准局（BIS）数据库（截至2022年7月）。

2. 其他标准制定机构

印度标准局是印度的国家标准机构，虽然是最重要的标准制定机构，但不是唯一标准制定机构。部分标准制定机构发布标准情况详见表1.3。关于标准

---

① 中国标准化研究院. 2010 年国际标准化发展研究报告 ［M］. 北京：中国标准出版社，2011.

制定机构的详细信息可查见标准制定机构门户网站①以及被认可的标准制定机构清单②。

表 1.3　部分标准制定机构发布标准情况

SDOs	发布标准
农业和加工食品出口发展局（APEDA）	有机生产和系统标准（国家有机生产项目）
印度汽车研究协会（ARAI）	汽车行业的标准 安全标准
能源效率局（BEE）	家电节能标准 建筑节能规范
中央药品标准控制组织（CDSCO）	制定药品和医疗器械和技术的标准，根据《药品和化妆品法》批准新药
中央污染控制委员会（CPCB）	制定空气质量标准、水质标准、车辆排放标准、柴油机排放标准和电机组噪音等级。CPCB 还提供有关污水和工业废水的处理及烟气净化装置、烟囱和管道处置的手册、规范和指南
市场检验局（DMI）	制定包括豆类、谷类、精油、植物油、水果和烤孟加拉蔬菜、粉丝、通心粉和意大利面等类别的商品的等级标准
印度食品安全与标准局（FSSAI）	制定食品标准，规范食品的制造、储存、分配、销售和进口。FASSI 的通用标准适用于所有的食品，FASSI 网站上有超过 300 个持续被修订的产品标准
印度出口检验委员会（EIC）	EIC 本身并不制定任何标准，而是识别技术法规或进口国的标准和国际标准规定，印度政府发出的公告中的标准以及产品订单指示的标准不低于这些规范中的最低标准
海产品出口发展局（MPEDA）	对海产品、海产品原材料、固定标准和规格进行检验，规范并采取一切必要措施保障海外销售的海产品质量

---

①　参考印度标准局的网站"SDO Portal" https://www.services.bis.gov.in/php/BIS_2.0/sdo/sdonew/#.

②　参考印度标准局的网站"SDOs recognized list" https://www.services.bis.gov.in/php/BIS_2.0/sdo/sdonew/ sdo_recognized_list.php#.

表1.3(续)

SDOs	发布标准
印度道路大会（IRC）	①涉及道路的标准，即调查、研究、设备、设计、建造、环境、维护、安全、道路标志与技术 ②桥梁的标准、规范和行业准则及检验、维护、测试和评估的指南 ③公路运输部对公路标准的规划及规范
环境、森林和气候变化部（MOEFCC）	环境保护法 MOEFCC 的各项规定中列出了不同的工业和服务业的污水和废气排放标准
公路运输和路政部（MoRTH）	制定印度道路和桥梁的标准规范
国家药用植物委员会	基于良好农业/收集实践的药用植物自愿标准
石油工业安全理事会（OISD）	油气行业的产品设计、安全标准、操作规程、指南标准
石油和爆炸物安全组织（PESO）	从事涉及爆炸物的安全生产、所有权、使用、销售、进口、出口和操作，以及石油、易燃和不易燃压缩气体和其他有害物质的活动都通过《1984爆炸物法令》和《1934石油法》的规定进行综合管理
石油和天然气监管机构（PNGRB）	制定技术标准和规范，包括与石油、石油产品和天然气有关的活动的安全标准
印度质量理事会（QCI）	医院评定标准（NABH） 学校评定标准（NABET） ……
标准化测试和质量认证（STQC）	电子政务标准： ①网络与信息安全 ②应用领域的数据标准 ③质量与文件 ④本地化语言技术标准 ⑤技术标准与电子政务架构 ⑥合法启动 ICT 系统
茶叶公会	《2005年茶叶（分销出口）管制令》中的红茶、绿茶、冈格拉、速溶茶标准
电信工程中心（TEC）	制定涉及电信网络设备、服务和协调性、合格测试和基本技术方案的标准
标准化局（DoS）	国防采购及存货编码标准
钢铁工业工厂间的标准化（IPSS）	帆钢厂的消耗品及设备、设计参数以及管理的超过350个标准
铁路设计标准组织（RDSO）	发展印度铁路专用材料和产品标准

（二）国家标准发展现状

印度标准化的实现在很大程度上是由政府推动的，并由国家标准机构印度标准局领导。印度标准体系主要由国家标准、行业（协会）标准、企业标准组成。印度标准局拥有发布印度国家标准的独家授权。大部分印度标准是自愿性标准，只有少数标准为强制性标准。印度标准局标准数据库资料显示，截至2022年7月，印度标准局发布的现行国家标准有 20 587 项。

如前文所述，印度国家标准涉及了包括生产与通用工程，化学，土木工程，电子与信息技术，食品业和农业，机械工程，管理和体系，医疗设备和医院规划，电工学，冶金工程，石油、煤炭及相关产品，纺织业，运输工程，水资源，以及两个服务行业 16 个技术领域的标准。印度制定国家标准采用与国际标准等同、等效的做法。截至 2021 年 3 月 31 日，印度国家标准中已有 6 608 项标准与国际标准（ISO/IEC）相协调。

（三）标准制修订情况

1. 国家标准制修订

印度中央政府各部门、各邦政府、消费者组织、产业组织，以及协会、技术委员会成员均可向印度标准局提交关于标准制定、修订或废止的书面建议草案。依据建议草案，技术委员会会在 12 个月内（最长 24 个月内）制定标准。印度标准局遵循 WTO《技术性贸易壁垒协定》（TBT）的六项标准制定原则，即开放性、透明度、公正和协商一致性、有效性和相关性、一致性、发展性原则。作为"拟订、采用及适用标准之良好作业典范（WTO/TBT 协议附件 3 第4 条）"的签约方，印度标准局的标准制定流程如图 1.1 所示。

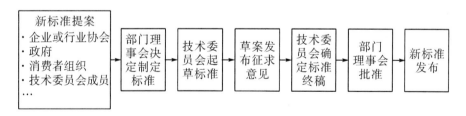

图 1.1　印度国家标准制定流程

（1）任何中央政府的部门、邦政府、联邦机构、消费者组织、产业团体、工业协会、专家组织、印度标准局成员和其技术委员会成员都可以用书面的形式提交新标准提案。

（2）部门理事会在经过慎重考虑或调查研究并与相关各方协商后，认定是否需要制定标准。需要的话该标准制定任务将指派给适当的技术委员会；如果不需要，即某一标准项目的制定意见被拒绝，将通知提案提交者。

（3）技术委员会起草新标准，并将标准以草案的形式进行发布，并在相关范围内进行为期不少于 1 个月的意见征求，以获取意见与建议。如果技术委员会认定该标准事出紧急或无争议，也可取消征求意见阶段（极少发生）。

（4）负责起草标准的技术委员会对收到的意见和建议加以考虑，负责完善标准草案；标准草案在经过技术委员会批准后，应递交给相关部门理事会，并由其决定是否批准该草案作为印度国家标准。

（5）所有现行标准定期进行复审，至少每 5 年一次，从而确定是否需要修订或废止。如果技术委员会认定没有修订的必要则需要重申标准。

2. SDOs 标准制定

除印度标准局以外，印度行业部门或专业协会也可以通过利益相关方征求意见，在各自专业领域制定标准，但这些标准尚未被审查是否完全符合 ISO/IEC 的《标准化良好实践准则》或 WTO《技术性贸易壁垒协定》的原则。《印度标准局法（2016）》包含了其他标准制定机构（SDOs）认可的条款。根据该法案，印度标准局可以认可印度境内外从事标准化工作的任何机构，确保国家标准与其他 SDOs 标准的协同性。同时，2018 年 6 月出台的《印度国家标准战略（2018—2023）》中也提到，将印度所有标准制定活动进行融合是标准化战略中的一项关键目标。《印度国家标准战略（2018—2023）》中阐述了为 SDOs 认可建立方案，旨在需要时将 SDOs 标准转化为国家标准；提高 SDOs 的水平，促使印度标准的制定更具活力，尤其是在新兴技术方面。

目前，印度标准局搭建了 SDOs 的认可"e 平台"，并于 2021 年年底正式推出 SDOs 认可计划，通过该计划可以将 SDOs 制定的标准转化为印度国家标准。例如，建筑材料和技术促进委员会（Building Materials and Technology Promotion Council，BMTPC）、印度汽车研究协会（Automotive Research Association of India，ARAI）已和 BIS 签订协议，其制定的标准可转化成为印度国家标准。而铁路设计标准组织（Research Design and Standards Organization，RDSO）是该认可计划中第一个获得认可的其他标准制定机构。

3. 监管机构标准制定

印度监管机构按照具体技术要求采用印度国家标准或其他相关标准来制定技术法规。无论采用何种印度标准，监管机构都必须参与负责制定相关标准的技术委员会的工作。监管机构的利益相关方通过委员会组织和广泛咨询来参与技术法规的制定和标准的采用工作。所有监管机构都会以公共通知及 TBT/SPS 通报的形式提前发布法规草案。一些特殊领域如食品安全的科学性风险评估由相关技术委员会来进行。制定用于监管的标准或规范的监管机构或部委的名单详见印度标准局网站信息列表。[①]

二、认可与合格评定

合格评定是按照相关要求对产品、过程、体系或机构进行评价并予以证明的活动。印度质量管理委员会（Quality Council of India, QCI）隶属印度商工部的产业政策与促进部，是负责印度认可体系协调管理的非营利、自治机构。印度的合格评定体系包括一个由产品认证、管理体系认证、人员认证、检验检测校准，以及自我合格声明等组成的完整体系。印度的合格评定服务由政府指定的专门组织或私营合格评定机构或者直接由监管机构提供。

（一）印度认可与合格评定体系的发展

截至 20 世纪 90 年代末，印度的合格评定主要是由印度标准局和一些著名检验机构如供应和处置管理局（Directorate General of Supplies and Disposals）、出口检验机构（Export Inspection Agencies）及国家测试所等机构主导。

随着管理体系合格评定方案的引入及认可委员会的成立，印度认可与合格评定体系的范围得以扩大。国际认可论坛和太平洋认可合作组织的 MLA/MRA 成员资格的认可极大地促进了印度合格评定机构与其活动的发展。

在印度产品认证和体系认证是最受欢迎的两种合格评定方案，实验室检测和校准，以及第三方检验等其他方法的广泛应用满足了行业活动的多样化需求，如印度食品安全和标准局、印度能源效率局等监管机构对合格评定原则和方案的采用，就是合格评定机构数量和多样性增长的关键因素。其他形式的认证，如食品安全、环境、能源等认证已在印度得到广泛认可，监管机构和私营合格评定的水平在不断提高，有助于提升印度企业的竞争力。

除此以外，国际通行的行业性合格评定一直是推动对外贸易发展的重要因素，比如全球责任认证生产（WRAP）、全球农业良好实践（Global GAP）和全球食品安全倡议（GFSI）等，国家航空航天和国防承包商认证计划（Nadcap）、食品有机和清真认证、建筑产品绿色认证等都倾向于在行业框架内进行过程认证。

（二）主要机构

印度质量管理委员会（QCI）于 1997 年成立，建立印度认可委员会，并管

---

① 参考印度标准局的网站 "Organizations/Departments of Government of India formulating Standards & Technical Regulations and their area of activity" https://www.services.bis.gov.in:8071/php/BIS_2.0/sdo/sdonew/SDOs_information_for_BIS_Website_09-11-18_1704_h-1.pdf.

理协调印度认可工作。在合格评定体系中，印度标准局发挥着核心作用，不仅负责产品认证工作，还拥有认可检测实验室的权利。《印度标准局法（2016）》第13（4）条和《印度标准化（合格评定）条例（2018）》第32条赋予印度标准局认可印度本土或在印度以外的实验室进行与合格评定有关的样品测试的权利。私营合格评定机构主要进行管理体系认证和国际行业认证。跨国合格评定机构对印度的合格评定体系进行补充，提供产品安全、产品性能、组织体系和可持续实践等合格评定方案，以满足用户不同的需求。还有一些印度本土的合格评定机构为特定的产品提供认证方案，如印度原产地茶、丝绸、有机产品、药用植物和医疗设备等。然而，目前仍有相当数量的私营合格评定机构尚未在印度国家认可委员会进行登记。下文将简要介绍印度的认可与合格评定机构。

1. 认可机构

（1）印度质量管理委员会。

印度质量管理委员会是根据《社团注册法》成立的非营利自治机构。印度质量管理委员会由来自政府、产业界和消费者组织中的成员组成的委员会进行管理。委员会主席由总理办公室任命。印度质量管理委员会负责制定战略政策、规章，以及监督不同部门包括认可委员会的运作，以确保评审体系的透明和可信。印度质量管理委员会的职能主要分为两方面：一是按照相关国际标准及指南为提供产品、服务、过程、人员及管理体系等认证的合格评定机构进行认可，并且为教育、医疗、环境保护、管理、社会部门、基础设施部门、职业培训等服务部门建立和实施国家认可的项目；二是为在国家/国际层面都不具备相关标准的认可项目制定评审标准。

印度质量管理委员会下设四个认可委员会来参与认可项目，如图1.2所示，分别是印度认证机构国家认可委员会（NABCB）、印度教育与培训国家认可委员会（NABET）、印度医疗和卫生保健服务机构国家认可委员会（NABH）、印度检测校准实验室国家认可委员会（NABL）。每个委员会在功能上是独立的，只是分别从事其核心专业领域内的工作。其中，NABCB和NABL依据ISO 17021/ISO 17025的框架建立，是国际认可论坛和国际实验室认可合作组织成员，通过双边、多边互认安排（MRA/MLA）认可成员彼此的合格评定结果。然而，印度在监管实践中并未执行这些国际协定，导致进口到印度的产品需要重复进行检测认证。另外两个委员会NABH和NABET是在自我监管的模式下运作的。NABH是国际医疗质量协会（ISQua）认可委员会的成员。

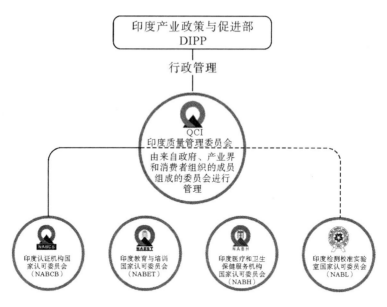

图1.2 印度认可机构

1981年，印度原国家协调检测和校准设备（National Coordination of Testing and Calibration Facilities，NCTCF）开始进行实验室认可服务。NCTCF于1993年更名为印度检测校准实验室国家认可委员会（NABL）。2016年之前，NABL是印度科技部下属的独立法人机构。2016年，NABL作为印度中央政府整合所有认可活动的一部分被纳入印度质量管理委员会。同时，印度标准局和印度出口检验委员会等认证机构要求所有为其认证方案、提供检测或校准的实验室获得NABL认可。NABCB成立于2000年，负责为所有合格评定机构（计量活动除外）提供国家认可。但由于印度标准局对印度产品认证机构的认可仍占据主导地位，因此NABCB所涉及的认可大多数针对的是检验机构和管理体系领域。

（2）国外认可机构。

与许多国家不同，印度允许多个认可机构并存。海外认可机构特别是美国国家认可委员会（ANAB）、澳大利亚和新西兰联合认可体系（JAS-ANZ）在印度得以全面推广，为各领域提供了大量的认可服务。只有实验室认可才完全掌握在印度本国手中。国外认可机构主要认可在印度运营的跨国合格评定机构，开展出口业务的合格评定机构通常会首选如美国国家认可委员会等这类全球知名认可机构进行认可。①

---

① KHUSHWANT S, PHILIP G, ALOK K, et al. Overview of India's quality infrastructure［R］. Deutsche Gesellschaft für & Internationale Zusammenarbeit（GIZ）GmbH, 2018.

2. 合格评定机构

（1）印度标准局。

印度标准局在印度合格评定体系中还扮演认证机构的角色。印度标准局授予符合印度相关标准的产品合格标志。除了产品认证外，印度标准局还可以进行质量管理体系和环境管理体系、食品危害分析和关键控制点（Hazard Analysis Critical Control Point）体系及黄金纯度标记认证。印度标准局还在印度各地有众多实验室，对产品是否符合印度标准进行测试。

（2）印度出口检验委员会。

一些国家及机构以 WTO/TBT 和 WTO/SPS 协议规定的国际标准为基础，实行进口管制。这些协定还规定只要符合其进口管制要求，即承认其成员贸易伙伴提供的出口认证。印度出口检验委员会作为印度的官方出口认证机构，已与不同的机构和国家签署了认可协议。

（三）合格评定方案

1. 印度标准局（BIS）认证

印度标准局认证大部分是对产品进行认证，只有一小部分用于管理体系。产品认证也分为强制性认证与自愿性认证。下文将重点介绍强制性产品认证方案的几种类型。

产品认证方案 I 是 ISI 标志方案（ISI Mark Scheme）。印度标准局仅授予认证证书，强制执行等具体工作由相关权力机构执行。该认证方案受印度标准局法案及相关法规管制。经过 BIS 认证的产品会打上"ISI"标志，是产品符合印度标准的标志，也是符合产品规范的证明。

产品认证方案 II 是强制注册方案（Registration Scheme）。这种强制性注册方案（Compulsory Registration Scheme，CRS）是一种形式规定较为简单的认证方案。该方案依赖申请人提交的试验报告，并通过公开市场监督确认其符合性。① 该方案最初为电子和信息技术部"强制注册方案"。注册方案分为四种类别，分别是由电子和信息技术部公布的电子信息产品的强制性注册，新能源与再生能源部公布的太阳能光伏系统、设备和组件的强制性注册，化学品和肥料部公布的化学品强制性注册及纺织部公布的纺织材料强制性注册。

产品认证方案 IV（Grant Of Certificate Of Conformity）是印度推出的授予合格评定证书的强制性方案。目前该方案仅涉及两种产品，分别是《钢铁和钢铁产品（质量控制）令（2020）》中涉及的变压器的冲压件/叠片/铁芯及《自行

① 参考印度标准门户网站 http://indiastandardsportal.org/AccreditationBodies.aspx.

车反光装置（质量控制）令（2020）》中涉及的自行车反光装置。

产品认证方案 X（Certification）是印度于 2023 年新推出的强制性认证方案。该方案将低电压开关和控制设备从原有的方案 II 中移除，归入新建立的方案 X 中。该方案主要受《电气设备（质量控制）令（2020）》和《电气设备（质量控制）修订令（2023）》的规范管理。

（1）ISI 标志方案。

从 2003 年 9 月 1 日起，印度进口下列 24 类产品时需要持有 ISI 的认证标志。这些产品包括浸入式加热器、电熨斗、电炉、散热器、家用开关、电灯泡、断路器、保险丝、开关设备、电缆、仪表和变压器等。2004 年 1 月 28 日，印度商工部外贸总局发布 29 号通告，规定凡是进口属于印度标准局 109 种强制进口认证产品范围内的产品（ISI 标志方案不包含电子及 IT 产品），外国生产商或印度进口商必须首先向印度标准局申请进口产品认证证书，海关依据认证证书对进口货物放行。截至 2022 年 7 月底，共有 379 种产品必须进行 ISI 认证。

（2）注册方案。

注册方案最初为电子和信息技术部"强制注册方案"。注册方案分为四种类别，分别是由电子和信息技术部公布的电子信息产品的强制性注册，新能源与再生能源部公布的太阳能光伏系统、设备和组件的强制性注册，重工业和公共企业部公布的低电压开关和控制设备强制性注册以及化学品和肥料部公布的的化学品强制性注册。

2012 年 9 月 7 日，印度电子和信息技术部在政府官方公报发布《电子与信息技术产品（强制性注册要求）法令》，该法令在公报发布之日 6 个月后生效。2012 年 10 月 3 日，印度电子和信息技术部公布了首批电子信息产品的强制性注册目录，于 2013 年 7 月 3 日正式实施。法令规定，电子信息技术产品必须符合指定标准，并且经相关主管部门注册，附带"自我声明-符合 IS 标准"字样。法令还对样本抽取和测试做了相关规定。截至 2022 年 7 月底，共有 79 种产品必须进行产品强制性注册，其中电子信息产品 63 种、太阳能光伏产品 5 种、低电压压开关和控制设备 8 种、化学品 3 种。①

（3）黄金珠宝成色认证。

印度是世界上最大的黄金消费中心之一。为加强印度黄金出口的竞争力，规范黄金和珠宝市场的秩序，保护印度国内消费者的利益，2000 年 4 月印度标准局

---

① 参考印度标准局的网站 https://www.bis.gov.in/index.php/product-certification/products-under-compulsory-certification/scheme-ii-registration-scheme/.

开始实施黄金珠宝的成色认证项目。黄金珠宝成色认证是印度标准局执行的除ISI 标志认证外另一项最具知名度的认证，该认证在印度和很多南亚的其他国家都被普遍认可。申请认证的黄金和珠宝将被送往官方的成色分析试验中心，以检测其是否符合印度 IS 1417 标准。检测按照印度 IS 1418 标准规定的方法进行，获得认证的黄金珠宝将颁发纯度标志、成色分析试验中心标志、年度标志等。

2. 印度国内其他认证

除了印度标准局认证方案外，印度还有其他行业认证。以下列举几种主要的认证方案。

（1）生态标志认证。

为了改善环境质量、增强企业和消费者的环保意识，1991 年 2 月，印度议会通过了一项自愿性质的生态标签（Eco Mark）项目。印度生态标志项目在中央污染控制委员会（CPCB）的技术指导下由环境及森林部（MoEF）负责管理。MoEF 成立了指导委员会和技术委员会，负责确定产品类别、制定标准和协调相关活动。印度标准局负责对产品进行评估和认证，对相应类别的产品进行测试，并收取相应的费用。目前生态标志认证产品涵盖 16 个产品类别，包括肥皂及清洁剂、油漆、纸类、食品类、食品添加剂与防腐剂、木料物质、润滑油、包装、电池、电子产品、化妆品、气溶胶、塑料、纺织品、杀虫剂与药物、植物油。产品上的 ECO 标志和 ISI 标志表明该产品符合特定的环境标准及相关印度标准中规定的质量要求。①

（2）能效标签认证。

根据《能源节约法》第 14 节（d）条，印度能源效率局（Bureau of Energy Efficiency）负责开发、制定及实施"能效标准和标签计划"（简称 S&L计划）。能效标准和标签计划于 2006 年 5 月 18 日正式实施，最先实行的产品只有 2 种：无霜冰箱和管形荧光灯。目前涉及产品类别已拓展到 30 种。印度能效标准和标签认证原本为自愿性计划。后来根据印度发布的一系列能效法规，现有 11 种产品必须强制性实施能效标准和标签计划，包括无霜冰箱、固定式存储电热水器、彩色电视机、室内空调（变速）、管式荧光灯、LED灯、室内空调（定速）、配电变压器、冰箱、吊扇等产品。未加贴能效标签的产品不得在印度市场销售。其余 19 种仍为自愿性认证产品，包括镇流器、微波炉、洗衣机、太阳能热水器、轮胎、电脑、冰柜、高能锂电池等产品。② 印

---

① 参考印度污染控制委员会的网站 http://www.mppcb.nic.in/ecomark.htm.

② 参考印度能源效率局的网站 https://beestarlabel.com/.

度能源效率局将会定期核查标签的内容和标签展示方式。核查测试由在印度能源效率局注册并经国家实验室认可委员会认可的实验室完成。相关检验检测实验室见印度能源效率局公布的认可实验室清单①。核查测试频率由印度能源效率局按照产品的特性及测试需要的时间决定。

（3）出口产品认证。

根据《出口质量控制和检验法令（1963）》及其修订版本，印度出口检验委员会负责确定强制检验和认证的出口商品清单，并发布通报详细说明这些商品应符合的标准。如果进口国标准是强制的，那么这些标准就纳入出口认证标准中。印度出口检验委员会利用其检验和认证体系促进印度出口产品在全球范围获得认可，其执行的合格评定包括核准单位和场所、托运货物检验及签发卫生证书和原产地证书等内容。

（4）茶叶认证。

印度茶叶局（Tea Board India）根据《商品地理标识（注册和保护）法（1999）》，对印度种植的各种茶叶进行真品认证，并允许对每个地区标识的茶叶使用认证标志，如大吉岭。除非获得印度茶叶局或其代表的授权及许可证，否则茶叶不得出口。

（5）药用植物。

印度国家药用植物局（NMPB）与印度质量理事会合作，发起了一项针对药用植物产品的自愿性认证计划。该计划涉及栽培药用植物的良好农业规范（GAP），以及药用植物采集和采集后管理的良好田间采集规范（GFCP）。

（6）零影响零缺陷认证（ZED）。

为了增强印度制造业的竞争力，零影响零缺陷认证计划在印度启动。ZED计划由印度质量理事会负责，并得到了中小微企业部的大力支持。该计划以制造单元增量开发的成熟度模型为基础，通过流程优化（如质量规划、产品和流程设计、资源管理、环境合规、库存管理、供应商开发、客户参与、知识产权治理）提高效率，减少浪费和碳足迹。制造单元通过符合性过程对成熟度进行评级。目前，约有60个中小微企业通过该计划获得评级。②

3. 其他机构的合格评定

主要的跨国合格评定机构都在印度开设分支机构，并提供符合海外监管要求或私营协会标准的合格评定服务。跨国合格评定机构在印度提供的主要合格

---

① 参考印度能源效率局的网站 https://beestarlabel.com/Home/ViewdownloadAlert.

② K SINGH, P GRINSTED, A KESARI, et al. Overview of india's quality infrastructure［R］. Deutsche Gesellschaft für & Internationale Zusammenarbeit（GIZ）GmbH, 2018.

评定服务类型详见表1.4。

表 1.4 跨国合格评定机构在印度提供的主要合格评定服务类型

类型	方案
通用管理体系认证	ISO 9001 质量管理体系（Quality Management System） ISO 14001 环境管理体系（Environmental Management System） OHSAS 18001 职业健康与安全管理体系（Occupational Health and Safety Management System） ISO 45001：2018 职业健康与安全管理（2018 – Health and Safety Management） ISO 27001 信息安全管理体系（Information Security Management System） ISO 22301 业务连续性管理体系（Business Continuity Management（BCM）System） ISO 55001 资产管理体系（Asset Management System） ISO 50001 能源管理体系（Energy Management System） SA 8000 社会责任认证（Social Accountability Certification）
专业管理体系认证	ISO 22003 食品审核和体系认证（Food auditing and system certification） ISO 13485 医疗器械质量管理体系（Quality Management System for Medical Devices） IATF 16949 汽车行业质量管理体系（Quality Management System for Automotive Industry） AS/EN 9100 航空航天管理体系（Aerospace Management System） ISO/IEC 20000 信息技术服务管理体系（Information Technology（IT）Service Management System） TL 9000 通信管理体系（Management System for Telecommunications Industry） ISO 29001 石油天然气质量管理（Petroleum, petrochemical and natural gas industries） ISO 28000 供应链安全管理体系（Security Management System for the Supply Chain） ISO 39001 道路交通安全管理体系（Road Traffic Safety Management） 国际社会责任认证组织［Worldwide Responsible Accredited Production（WRAP）］ 国际铁路行业标准——铁路管理体系［IRIS（International Railway Industry Standard）– Rail Management system］ 质量管理体系（ISO 29990 – Quality Management System） 客户联络中心管理体系（EN 15838 – Customer Call Centre Guidelines） 全球良好农业规范（Global GAP）

类型	方案
气候变化与商业合规	清洁发展机制［Clean Development Mechanism（CDM）］ 碳足迹认证（Carbon Footprint Certification） 气候项目变化的核查认证（Validation, Verification and Certification of Climate Change Projects） 行为准则［Code of Conduct（CoC）］ 商业社会行为准则认证［Business Social Compliance Initiative（BSCI）］
产品认证	CE认证（CE Mark） 欧洲标准电气认证［ENEC 24（for electrical products）］ 电子电器设备中限制物质［RoHS（for electronic components）］ IECQ有害物质过程管理体系认证［IECQ HSPM QC 080000（IECQ Hazardous Substance Process Management）Certification］ 机构自身的认证方案如［Body owned schemes such as KiteMark（BSI）、UL Mark（UL）、CSA Mark（CSA）］
第三方检验	符合ISO 17020标准的检验服务（Inspection services complying with ISO 17020）

三、计量

（一）主要机构

1. 印度国家物理实验室

印度国家物理实验室（National Physical Laboratory，NPL）下属印度科学与工业研究理事会（Council of Scientific & Industrial Research，CSIR），成立于1950年，是印度的国家计量研究所。NPL是国际计量局（International Bureau of Weights and Measures）和亚太计量规划组织（Asia Pacific Metrology Programme）的成员，同时也是物理科学领域的一个研究实验室。

在国际计量局数据库中，NPL有239项校准和测量能力及168个国际或双边关键比较分析。其校准测量能力（CMCs）通过国家可追溯体系，甚至国际体系也可实现追溯。NPL还协助开发标准物质和标准设备，在该领域内还提供测试设备校准的商业服务，以维持其校准和测量能力。

2017年，NPL推出了Bhartiya Nirdeshak Dravya（BND）系列的经认证标准物质，并授予印度政府造币厂高纯度（9999）金参考标准，以及中央矿业和燃料研究所（CIMFR）的烟煤首批认证。同时，NPL也开发高纯度金属、石英和元素溶液的经认证标准物质。由于印度国家检测和校准实验室认可委员会（NABL）为标准物质生产商实施认可，NPL后续将与NABL联合开发经认证标准物质。NABL 将负责标准物质生产商的能力评估，NPL 将评估个别标准物质的技术特性，以确保其达到所需的准确性水平。

2. 法定计量司

《度量衡标准法（1976）》以国际法定计量组织（OIML）认可的公制和国际单位制为基础，确立了印度的国家度量衡标准，并规范了按重量、尺寸及数量交易的货物贸易。《度量衡标准法（1976）》后被《法定计量法（2009）》所取代。法定计量司隶属印度消费者事务部，其前身是 20 世纪 70 年代设立的度量衡司。法定计量司负责人是国际法定计量委员会（CIML）和国际法定计量组织其他技术委员会的成员。

从职能上划分，法定计量分为中央层面和邦级层面。印度在 36 个邦和联邦直辖区域设有法定计量办公室。中央政府负责国家政策问题及履行其他相关职能，如规范和管理度量衡统一法、技术法规、培训、精密实验室设施及执行国际建议；各邦政府和联邦直辖区域行政当局负责制定和实施地方法规。

邦级政府负责法定计量规则的管理，许多邦都制定了各自的执法规则。执法活动一般包括度量衡检定；检查商业经营者是否正确使用经检定盖章的度量衡；检查使用度量衡运送的货物是否经检定盖章；确保预包装商品的强制性声明及最高零售价格（MRP）；登记检查期间发现的违规行为等。

3. 印度计量学会

根据 1860 年第 21 号社会登记法案，印度计量学会（Metrology Society of India，MSI）于 1984 成立，旨在促进和传播计量学。MSI 设有执行理事会，现任执行理事会增选委员包括印度国家检测和校准实验室认可委员会的 CEO、新德里法定计量处长、印度标准局局长、中央污染控制委员会（CPCB）主席及印度新能源和可再生能源部（MNRE）秘书等。MSI 还设涉及教育、成员关系、项目和出版等的委员会。

MSI 组织计量领域的各种技术活动，如研讨会、讲座等，为工业、研究与教育领域的多学科快速发展提供了良好的机会。该协会向所有认同协会目标、宗旨的个人和团体开放。协会成员分为六类，分别是：荣誉成员、研究员、成员、准会员、学生会员、公司会员。

（二）法定计量体系

印度的法定计量体系框架主要通过《法定计量法》《法定计量（包装商品）规则》《法定计量计数规则》等相关法律法规确定。印度法定计量体系主要分为行政管理职能和技术服务职能两部分。在中央层面，法定计量司是印度消费者事务部下属的独立部门，主要负责法定计量相关的国家政策、技术法规等；在地方层面，通过法定计量法授权邦政府负责法定计量工作，须确保所有度量衡以及计量仪器的统一性和准确性。印度法定计量技术服务体系即法定计量实验室网络主要包括区域参考标准实验室、邦级二级标准实验室和区级工作标准实验室。其中，区域参考标准实验室作为印度国家物理实验室和邦级政府实验室之间的核心机构，由国家物理实验室负责维护，负责标准的可追溯性，检验度量衡模型，验证邦级政府的二级标准，校准精密的度量衡仪器等。邦级二级标准实验室由各邦政府建立，由区域参考标准实验室负责维护，用于核实和确定工作标准的准确性。印度法定计量架构如图 1.3 所示。

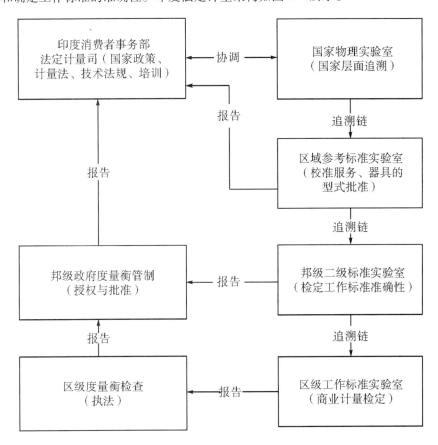

图 1.3 印度法定计量架构

四、市场监管

通常情况下，国家的市场监管通常包括收集市场资讯、应用风险评估、抽取和检测产品样本、从市场召回不合格品及实施制裁等方面。与我国不同，印度并没有一个中央统筹协调的市场监管体系，市场监管的程序和责任取决于受监管的产品。因此，印度的市场监管主要包括上市前的产品合格评定管制及上市后的产品抽查，这是其管制产品合格评定框架的一部分。

（一）主要机构

由于印度的市场监管是以管制产品合格评定的内容为主，因此强制性产品认证的管理机构是主要的市场监管机构。

1. 印度标准局

印度标准局负责印度标准法规的制定和产品认证，是印度产品认证最重要的监管机构。前文（第一章第四节"二、认可与合格评定"）已对印度标准局认证监管情况进行了梳理，在此不再赘述。

2. 部分行业监管机构

（1）能源效率局。

印度能源效率局（Bureau of Energy Efficiency，BEE）于 2002 年 3 月 1 日根据《能源节约法》建立。该局隶属于印度能源部（Ministry of Power），其主要任务是在整体框架内制定印度能效政策和战略，加强自我监管，并根据市场原则进行规范管理，以实现降低印度经济发展能耗的目标。印度能源效率局的监管职责包括制定电器、设备的最低能效标准和设计能效标签，制定《节能建筑规范》，制定具体的能源消耗标准，评审能源管理员和能源审计者，界定强制性能源审计的方式和周期。

（2）中央药品标准控制机构。

中央药品标准控制机构（Central Drugs Standard Control Organization）隶属于印度卫生与福利部（Ministry of Health and Family Welfare），目前主要负责制定药品、疫苗、血液制品和注射液的标准、法规，监管医疗器械的进口、生产和销售。

（3）印度食品安全与标准局。

印度食品安全与标准局（Food Safety and Standards Authority of India，FSSAI）依据《食品安全和标准法（2006）》成立，负责提供基于食品标准的科学意见，监管食品制造、加工、运输、销售和进口的法定机构。

（二）产品监管机制

1. 印度标准局

（1）认证监督。

印度标准局遵循 ISO 17067 建立产品认证方案，负责从市场上抽取认证产品样本，并在印度标准局认可的实验室进行测试，以再次确认其符合相关的印度标准。

（2）执行监督。

质量管制指令指定了适当的主管当局负责确保产品的合规性。在大多数情况下，适当的主管当局是相关监管机构或职能部委和邦政府。该主管当局负责确保在没有获得必要认证的情况下不生产、储存或供应产品。如果产品受到其他法案的管制，邦政府当局有时会与当地警察共同采取联合执法行动。印度标准局通过对获证方的常规监督和对工厂、市场上的样品进行突击检查和测试，来监督经其认证的产品质量。证书的续期是跟市场抽查费用相关联的，如制造商或印度代表没有按要求支付市场抽查预存费，BIS 证书到期后将不能再续证。

2. 印度电子和信息技术部

印度电子和信息技术部（Ministry of Electronics and Information Technology，MeitY）负责的产品强制性注册方案主要涵盖电子与 IT 产品，但 MeitY 缺乏直接进行市场监管的资源。因此，2018 年 5 月，MeitY 公布了电子和 IT 产品监管的修订流程。为了实施该方案，MeitY 指定印度软件技术园（Software Technology Parks of India，STPI）从市场上随机抽取监测样本。STPI 是 MeitY 于 1991 年成立的非营利机构，旨在促进印度软件出口。STPI 在印度各地已经建立了 57 个中心与子中心，负责提供咨询、培训及实施服务。

印度电子和信息技术部（MeitY）对电子与 IT 产品监管流程如图 1.4 所示。具体实施步骤如下：

第一步：MeitY 通过其门户网站来启动公示商品的监管流程；

第二步：收到通知后，STPI 从本地市场收集和购买用于测试样品来执行监督；

第三步：通知制造商或本地代表市场取样日期、时间和地点，以便制造商或代表的授权人员能够到场；

第四步：如果该商品类似工业产品，在市场上无法获取，STPI 代表向制造商或本地代表询问其获取渠道。随后将包装密封的样品送至 MeitY 监管流程配备的实验室；

第五步：STPI 审查测试报告并将报告发送给 MeitY，MeitY 将根据报告情况采取相关行动；

第六步：如果检测报告显示不符合技术要求，MeitY 将会向制造商或印度代表寻求解释；如果没有给出充分的解释，MeitY 通知 BIS 采取必要的行动，如吊销许可证。

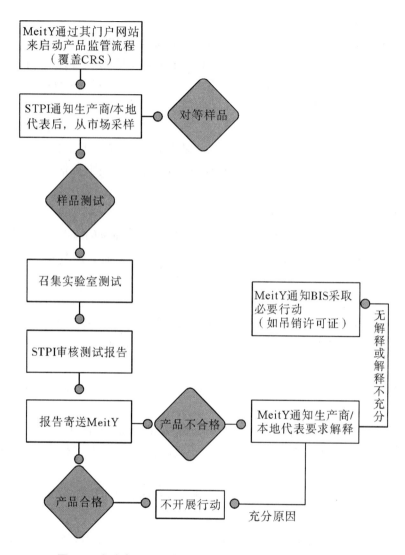

图 1.4　印度电子和信息技术部对电子与 IT 产品监管流程

值得一提的是，MeitY 的监管方案包括一项规定，即注册制造商预缴一次年度市场抽查费用。抽查费用包括根据印度标准确定的测试所需样本数量及样本最高零售价格、物流及包装费用、实验室测试费用及样本存放费用等。具体的抽查费用将根据每个厂家的具体情况由 MeitY 决定。

3. 其他

石油与爆炸物安全组织（PESO）隶属印度工商部，旨在保证公共安全，并为在石油或其他易爆环境应用的产品签发许可证。自 1898 年以来，石油与爆炸物安全组织便根据《爆炸物法令（1884）》和《石油法令（1934）》，对计划应用于危险区域的产品的制造、进出口、运输、储存、销售和使用进行过程性管控，并对相关产品进行合格评定。PESO 拥有一个全国性工作网络，在全国范围内执行监督行动。

《印度食品安全和标准法（2006）》授权各邦食品相关政府部门定期开展监管行动。《度量衡法》也有类似的规定，因此各邦政府都设立了法定计量部门，开展执法活动。

第五节　印度质量基础设施实践活动

一、国内实践活动

在经济发展过程中，印度在标准、认可与合格评定、计量及市场监管方面不断开展质量基础设施活动和巩固质量基础设施建设成果，下文将从这几方面概述相关实践活动。

（一）积极制修订标准

印度标准局标准数据库资料显示，截至 2022 年 7 月底，现行印度国家标准为 20 587 项。根据印度标准局年度报告数据统计，印度国家标准发展情况如图 1.5 所示（不含 2022 年的数据）。

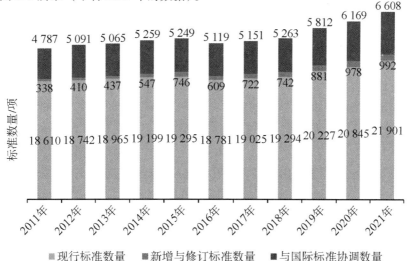

图 1.5　印度标准制修订情况

印度制定国家标准等同、等效采用和参考国际标准。截至 2021 年 3 月 31 日，国家标准中已有 6 608 项标准与国际标准相协调。受每年制修订、撤销和废除部分国家标准的影响，印度近十年的标准数量整体呈波动增长态势。采标数量与现行国家标准数量呈正相关，2011 年至 2021 年，采标数量在现行国家标准数量中的占比从 25.72% 上升至 30.17%，整体呈现缓慢曲折上升趋势。

近年来，印度在建筑工程、医疗卫生、电子信息、新兴技术、食品农产品及服务方面举办的标准化活动较为丰富，标准的制修订也主要集中在这些行业。以建筑工程领域为例，印度重新修订了《印度国家建筑规范》（*National Building Code*），该标准是一部综合性建筑规范，是印度全国范围内规范建筑建设活动的指南，主要包括行政法规、开发控制规则和通用建筑要求、消防安全要求、规定材料、结构设计与施工（包括安全）、建筑和管道服务、可持续发展方式等。由于建筑服务的复杂性、建筑材料和技术的新发展、环保和规划管理的新要求和新变化，印度国家建筑法规行业委员会主持对《印度国家建筑规范》进行了全面修订。该规范加强了对自然灾害的应对措施，针对残疾人和老年人无障碍环境有更详细的规定，补充了现代高层建筑消防安全、预制施工、关于建筑和管道服务的详细条文，增加玻璃结构新章节，把 IT 系统装备建筑、固体废物管理及资产和设施管理等都纳入规范中。

（二）印度 NQI 相关会议

1. 国家标准会议

2014 年，印度商务部与印度工业联合会、印度标准局及印度认证机构国家认可委员会等机构在新德里共同举办第一届印度国家标准会议。按照印度国家标准工作会议的讨论结果，明确将涉及食品、电子及钢材行业的 137 种产品纳入强制性认证制度中。2016 年，印度进一步提高大约 30 个新的卫生和植物检疫方面的贸易技术壁垒。2017 年 5 月，国家标准工作会议扩大了会议范围，就制定印度国家标准战略文件进行专题讨论，旨在更有效地发挥标准在国际贸易中的作用。2018 年 6 月，在第五届印度国家标准会议上，《印度国家标准战略（2018—2023）》正式发布。2020 年 1 月，第六届印度国家标准会议在新德里召开，就贸易便利化标准、自愿标准与全球问责机制等议题开展专题讨论。

2. 国家质量大会与国家质量奖

自 2005 年起，印度每年举办国家质量大会（National Quality Conclave）。作为印度质量方面最大型的活动，该大会由印度质量委员会主办，受到印度工业政策促进局、美国质量学会（印度分会）等机构支持。每届国家质量大会都有超过 1 600 位来自工业、医疗保健、教育和政府等各行各业的代表参会。为期两天的会议包括开幕式和致辞、主旨演讲、分会场演讲及讨论、质量奖颁奖及案例分享、闭幕致辞。印度国家质量大会由世界卫生组织（WHO）为其医疗保健部分提供技术支持，也有一些国际质量学术组织作为其智库以供咨询，并且邀请一些国际级的专家分享质量专业领域的最新趋势。

印度标准局为了鼓励生产商和服务机构追求卓越，于 1991 年设立了拉吉夫·甘地国家质量奖。这个年度奖项与一些国际奖项类似，如美国鲍得里奇国家质量奖、欧洲质量奖。该奖项是通过对领导力、政策目标和战略、人力资源管理、资源、流程、客户关注度、员工满意度、业务成果及对环境和社会的影响等诸多基础参数进行评估来确定的。

印度质量委员会自 2007 年起开展 QCI-D. L. Shah 质量奖的评选，以增强国民对通过质量举措来提升发展水平和获得竞争性优势的意识。该奖项设立了白金奖、金奖和银奖三个等级。与印度标准局拉吉夫·甘地国家质量奖不同，D. L. Shah 质量奖是以单个的项目或案例为评选内容的。

3. 相关研讨会活动

印度标准局举办了大量研讨会，邀请生产商、消费者、政府机构及专业协会等各利益相关方参与。例如，印度标准局举办了风险管理、粮食储存货仓标准、节能标准化泵、智能电网的标准化与实施经验、网络安全与隐私标准、技术纺织品阻燃剂标准化、技术纺织品的贸易潜在性、技术纺织品标准化等一系列研讨会，其中特别强调技术标准对印度制造的重要作用。

印度检测校准实验室国家认可委员会积极组织开展世界认证日活动、国家实验室会议、评核员入职培训课程及实验室（校准）会议、评估师考试会、医学健康科学评估会议等活动。印度检测校准实验室国家认可委员会多次参加其他部委或者机构举办的会议，例如，印度国家水行政主管部门组织的"国家水行政主管部门水检测实验室认证"，印度质量管理委员会组织的"为什么质量倡议失败——前进之路"研讨会，CMTI 公司举办的计量培训，印度农业研究委员会举办"食品检测实验室认可"研讨会，印度质量管理委员会举办的"印度与瑞典在国际贸易合作中工业产品的规管问题"研讨会，印度中央药品标准控制局主办的"印度药物管制改革"传播研讨会，印度国家物理实验室环境测量中心举办的"印度环境测量合作"会议，"土壤检测实验室质量管理"培训会议，NITS 国家/国际实验室认可体系会议，印度饮用水与环卫部组织的"覆盖所有邦和 UTs 的水质监测与监测"会议，欧盟-印度 CITD 组织的"REACH 法规"研讨会，印度国际科技节大型科技产业博览会，印度质量管理委员会举办的"政府部门执法监管经验"研讨会，印度国家自然资源保护总局（NBPGR）举办的"基于 DNA 的转基因检测用于种子检测和认证"国际培训项目，印度中央药品标准控制局主办的"抗生素管理与感染预防与控制"全国研讨会，CME"培训和认证认可——道路上的挑战"研讨会，国家太阳能研究所组织的"再融资项目的质量和安全"会议，国家太阳能研究所组织的"加强太阳能产业的质量基础设施建设"会议；联合印度食品安全与标准局组织开展食品检测实验室联检工作等。

印度国家物理实验室也举办了 APMP TCQS "ISO/IEC 17025：2005 标准修订"研讨会、"印度国家物理实验室人员质量管理"研讨会、"光伏计量——太阳能电池及组件测试与校准"研讨会和"测量不确定度评定及 ISO 17025"研讨会等。

（三）NQI 相关教育与培训

1. 开设相关学科与课程

基于印度国家物理实验室的优势和专长，印度开设了为期一年的"精密测量与质量控制"全日制认证课程，这是印度首次开设"物理与数学""工程"学士学位或"机械/电气/电子/电子与通信/仪器工程"3 年制学位课程。该课程通过精心设计的课程模块，将课堂讲授、讨论、辅导课和与测量、测试、校准相关的实践课程有机结合，以培养计量专业人才。

2. 质量教育

印度政府引进美国质量教育体系，通过印度教育培训国家认可委员会在全国进行推广和认证，建立从形式到技能的转型机制。印度质量管理委员会负责制定培训机构质量管理和认可标准，旨在为全面发展学生的职业教育和培训提供框架。印度教育培训国家认可委员会在其中负责制定培训的标准和课程，并颁发相关证书。相关行业和职业的教育和培训包括工程技术、农业和农村发展、健康与医疗、图书馆与信息科学等丰富课程。

除此以外，印度还依托企业引进 TQM、ISO、六西格玛等管理方法，由企业对其员工进行相关的质量教育。

3. 培训

（1）国家标准化培训中心。

印度标准局建立了国家标准化培训中心，按照国际标准对技术及管理人员进行培训。自 1968 年起，印度标准局就开始了标准化人员的培训计划，分为公开培训课程和内部培训课程，公开培训课程包括工业审核主管课程、消费者组织、技术委员会成员及标准制定机构等。近年来，每年印度标准局内部员工有超过 600 人接受培训或再培训。除此以外，培训中心还开展发展中国家国际培训课程，在标准化、质量和管理体系方面培训其他发展中国家的标准化工作人员，该课程每年均在 10 月举行。

（2）其他培训。

印度教育培训国家认可委员会认可两类职业培训机构。一是隶属国家职业培训委员会（NCVT）的工业培训机构（ITI）。1950 年，印度引进了"工匠训练计划"，通过开展工业培训，为受过教育的青年提供就业岗位，降低失业率，培育年轻一代的技能。二是获得印度教育培训国家认可委员会认可资质的职业培训机构（不要求隶属于 NCVT）。职业培训是印度国家福利保障的重点之一。

印度设计并运用在线培训和学习管理系统（LMS），其中包括拥有大量质量相关的课程（如 TQM、TPM）及认证和审核培训课程和计划，具体包括但不限于以下 7 种认证，ISO 9001（QMS）、ISO 14001（EMS）、ISO 18001（OH-SAS）、ISO 22000（FSMS）、ISO 27000（ISMS）、ISO 17025（LMS）、ISO 15189，还将根据产业和发展需求制订其他的培训计划。

印度检测校准实验室国家认可委员会加强对评审人员的管理和培训，以满足日益增长的认证要求。根据 ISO/IEC 17025、ISO 15189、ISO/IEC 17043 和 ISO 指南 34 的要求，印度检测校准实验室国家认可委员会加强多次为评审员提供培训课程；同时，还为印度国家物理实验室的员工举办了印度检测校准实验室国家认可委员会审核员培训班。

（四）合格评定与认可活动

1."零影响，零缺陷"认证（ZED）计划

除常规的认证计划外，印度为了推动其成为制造业大国，印度质量管理委员会积极响应印度制造"零影响，零缺陷"的目标，于 2015 年建立了 ZED 计划及其知识体系模型和认证，增强了中小微企业的竞争力。ZED 计划包括成熟度评定模型，是一个综合、整体集成的认证体系，旨在通过该评定和认证模型来提升中小微企业的质量发展水平。印度政府希望通过 ZED 计划让印度本土制造快速适应印度市场变化，生产更具有国际竞争力的产品。许多与印度质量相关的协会与机构也参与推进 ZED 计划，加速各行各业质量意识的宣传和推广。截至 2022 年 7 月底，已有 13 147 家印度中小微企业注册了 ZED 计划，

263家完成 ZED 铜级认证。①

2. 印度标准局实验室网络

印度标准局已经建立起由 8 个检测实验室组成的实验室网络，以支持其产品认证计划。此外，印度标准局也通过推行实验室认可计划来认可外部实验室。这些实验室根据注册方案或简化的产品认证程序，对印度标准局实行监督的样本或测试申请人提交的预先测试产品的样本进行测试。在某种情况下，如包装饮用水，印度标准局的许可证持有人亦可使用认可的实验室进行常规测试。印度标准局的所有实验室都经过印度国家检测和校准实验室认可委员会认可，认可委员会亦会对印度标准局实验室设施进行预先和定期评估。印度标准局认可实验室名单可在其官网进行查询。

3. 认可活动

印度认证机构国家认可委员会开展认证机构的认可工作，涉及的机构类型主要有检验机构、质量管理体系认证机构、食品安全管理体系认证机构、产品认证机构、环境管理体系认证机构、医疗器械质量管理体系认证机构、职业安全与健康管理体系认证机构、信息安全管理体系认证机构、能源管理体系认证机构等。截至 2022 年 7 月底，除印度认证机构国家认可委员会以外，美国国家认可委员会、澳大利亚和新西兰联合认可体系等海外认可机构也在印度开展认可活动。

截至 2022 年 1 月底，印度检测校准实验室国家认可委员会提供了超过 7 000 个认可，其中检测实验室约占 52%、医学实验室约占 33%、校准实验室约占 12%，其余还包括能力测试供应商和参考材料供应商等。

（五）建立计量基础设施网络

印度国家物理实验室拥有 239 个国际度量衡局的数据库及 168 个国际/双边的重点指标比对数据。印度国家物理实验室负责执行并推广测试和校准设施的国家协作计划（NCTFC），在各个领域中形成校准实验室的三级网络。另外，印度消费者事务部下属的法定计量司也建立了计量实验室网络。

（六）积极开展信息及宣传服务

1. 设立国家信息中心

印度标准局建立了一个与标准相关的国家信息中心，满足了工业、贸易、政府、研究人员和消费者的需要。该信息中心是南亚地区最大的标准信息中

---

① 参考印度中小微企业部的网站"MSME Sustainable（ZED）Certification," https://zed.msme. gov.in/.

心，占地面积 1 000 平方米，收藏来自全世界的大约 60 万项标准文本和 5 万本技术书籍。印度标准局还利用电子数据库、网站等平台，及时、准确、有效地向用户传递标准信息。①

2. 增强质量意识

印度有关政府部门主要通过纸质、电子媒体，以及户外广告牌、地铁和电影院广告位、机场和火车站广告媒体等宣传媒介，开展增强消费者意识、产业意识，标准教育应用、世界标准日宣传，警觉意识周等活动，说服消费者购买认证商品和向他们普及认证商品投诉机制。印度标准局还参加消费者和工业贸易博览会，在会上积极宣传印度标准局的各种标准化活动，向中小产业推广标准化理念和质量体系，组织参与者观看和讨论视频，交流标准化与合格评定理念。

（七）WTO/TBT 咨询点

根据世界贸易组织（WTO）关于 TBT/SPS 的协议，印度设立了 TBT/SPS 咨询点。目前，印度政府商务部指定了两个 TBT 咨询点，分别是印度标准局和印度电信工程中心，为 WTO 其他成员和利益相关方提供关于标准、技术规则和合格评定程序方面的信息和服务。卫生与家庭福利部、畜牧业、乳品业和渔业及农业合作与农民福利部是 SPS 咨询点。TBT/SPS 咨询点会在官方公报及网站上及时公布新出台的技术法规和合格评定要求，同时也积极收集、分析其他国家的技术法规和工业标准信息，并向国内企业发布，以减少不必要的技术性贸易壁垒问题。目前，相关方在印度标准局的 TBT 咨询点网页可以直接就有关文件提出意见及进行评论并直接上传系统。②

二、国际实践活动

（一）参与国际组织情况

印度是国际标准化组织（ISO）的创始成员之一，积极参与国际标准化活动。印度标准局作为 ISO 的正式成员，参与其政策制定委员会的工作。政策制定委员会包括发展中国家事务委员会、合格评定委员会、消费者政策委员会及信息委员会。印度标准局曾周期性承担 ISO 理事会和技术管理局成员的责任。印度从 1911 年开始参加 IEC 的活动，印度标准局从 1949 年开始从工程协会手

① 参考印度消费者事务部的网站 http://www. archive. India. gov. in/sectors/consumer_affairs/index.php？id=13.

② 参考印度标准局的网站 https://www.bis.gov.in/index.php/standards/technical‐information‐services/；https://www.services.bis.gov.in/php/BIS_2.0/wto.

中接管了印度作为国家成员体在IEC的职责，曾被选举为IEC理事会成员，对理事会的各项政策决议提供建议。印度标准局是ISO/IEC的全权成员。截至2022年6月底，印度标准局是489个ISO TC/SC的积极成员（Participating Member），187个ISO TC/SC的观察员（Observing Member），① 102个IEC TC/SC的积极成员，以及69个IEC TC/SC的观察员。② 印度标准局承担了11个ISO TC/SC的秘书处工作，如ISO/IEC JTC 1/SC 7软件及系统工程，ISO/TC 332金融机构及商业组织的安全设施；ISO/TC 113水文测试技术委员会，ISO/TC 113/SC 1流速面积法分技术委员会，ISO/TC 113/SC 6土砂流送分技术委员会，ISO/TC 120皮革技术委员会，ISO/TC 120/SC 1粗兽皮和皮毛包括盐渍毛毡分技术委员会，ISO/TC 120/SC 2鞣制皮革分技术委员会，ISO/TC 120/SC 3皮革制品分技术委员会，ISO/TC 34/SC 7香料和调味品的分技术委员会等的工作。

同时，印度标准局还积极参加南亚区域标准组织（South Asian Regional Standards Organization，SARSO）和太平洋地区标准会议（Pacific Area Standards Congress）的活动，曾当选SARSO管理理事会主席。印度标准局代表印度加入国际电工委员会电工产品合格测试与认证组织（IECEE）。印度认证机构国家认可委员会、印度检测校准实验室国家认可委员会是国际认可论坛、太平洋认可合作组织和国际实验室认可合作组织的成员。印度还是国际计量局和国际法定计量组织的正式成员。

（二）组织及参加相关国际会议

印度标准局每年积极组织大量国际或区域标准化组织的会议，例如，印度标准局在新德里组织了ISO/TC 61塑料的会议及其分委员会、工作组相关研讨会；与印度数据安全理事会共同举办了全球标准会议ISO/IEC/ JTC 1/SC 27的工作组会议。同时，印度标准局还组织了以PASC服务标准化战略为主题的第38届太平洋地区标准会议，在印度诺伊达（Noida）举行了SARSO"黄麻、纺织与皮革"的分技术委员会会议，并参加了在斯里兰卡举行的SARSO"食品与农产品"和"化学与化学品"分技术委员会会议。印度国家物理实验室先后举办了多场计量国际会议，如亚太计量项目大会及相关会议（APMP—2017）和国际薄膜会议（ICTF-17）等。

---

① 参考ISO的网站 https：//www.iso.org/member/1794.html.
② 参考IEC的网站 https：//www.iec.ch/dyn/www/f? p=103：33：3003438980295：：：：FSP_ORG_ID,FSP_LANG_ID：1016,25.

（三）签署国际协议

印度积极与其他国家和区域的标准化机构签署合作备忘录。印度标准局代表印度陆续与国外组织在标准与合格评定领域签署了一系列谅解合作备忘录（Memorandum of Understanding）。截至 2022 年 7 月底，印度标准局与 ISO、日本、美国等国家或区域组织签署了 40 份合作协议，具体清单详见表 1.5。

表 1.5　印度签署的谅解合作备忘录

编号	国家/区域	组织
1	阿富汗	阿富汗国家标准局（ANSA）
2	孟加拉国	孟加拉国标准与测试学会（BSTI）
3	不丹	不丹王室政府／不丹标准局（BSB）
4	埃及	埃及标准化组织（EOS）
5	法国	法国电工技术联合会（UTE）
6	德国	DIN 德国标准化协会（DIN）
7	德国	德国电气电工信息技术委员会（DKE）
8	加纳	加纳标准局（GSB）
9	希腊	希腊标准化组织
10	以色列	以色列标准协会（SII）
11	伊朗	伊朗标准与工业协会（ISIRI）
12	毛里求斯	毛里求斯标准局（MSB）
13	尼日利亚	尼日利亚标准组织（SON）
14	斯洛文尼亚	斯洛文尼亚标准化协会（SIST）
15	阿联酋	阿联酋标准化与计量局（ESMA）
16	美国	美国国家标准协会（ANSI）
17	美国	BIS, ANSI & CII 三方协议
18	乌克兰	乌克兰国家技术法规和消费者政策委员会
19	乌兹别克斯坦	乌兹别克斯坦国家标准化、计量和认证
20	—	国际标准化组织（ISO）
21	印度、巴西 & 南非（IBSA）	政府间协定
22	吉尔吉斯斯坦	吉尔吉斯斯坦经济部
23	斯洛伐克	斯洛伐克标准、计量、测试办公室（SOSMT）
24	约旦	约旦标准与计量组织（JSMO）
25	日本	日本工业标准委员会（JISC）

表1.5(续)

编号	国家/区域	组织
26	白俄罗斯	白俄罗斯国家标准化委员会
27	阿曼	阿曼标准、计量总局（DGSM）
28	俄罗斯	俄罗斯联邦技术法规、计量机构（GOST-R）
29	斐济	斐济国家贸易计量和标准部门（DNTMS）
30	苏里南	苏里南标准局（SSB）
31	美国	美国电机、电子工程学会（IEEE）
32	肯尼亚	肯尼亚标准局（KEBS）
33	印度尼西亚	印度尼西亚国家标准局（BSN）
34	欧盟	欧洲标准化委员会及欧洲电工标准化委员会（CEN-CENELEC）
35	沙特	沙特标准、计量和质量组织（SASO）
36	乌兹别克斯坦	乌兹别克斯坦标准化、计量和认证局
37	美国	美国保险商试验所（UL）
38	美国	国际氨制冷协会
39	欧盟	欧盟电信标准研究所
40	苏丹	苏丹标准和计量组织（SSMO）

（资料来源：参考印度标准局的网站 https://www.services.bis.gov.in/php/BIS_2.0/bisconnect/agreement_mou.）

除印度标准局外，印度出口检验委员会、印度国家物理实验室、印度认证机构国家认可委员会及印度检测校准实验室国家认可委员会等机构也签署了一系列双边、多边互认协议。

印度国家物理实验室代表印度签署国际计量委员会互认协议（CIPMMRA），参与的国家计量机构（NMIs）相互承认测量标准的等效度和矫正及测量证书的有效性。印度检测校准实验室国家认可委员会也是国际实验室认可合作组织、亚太实验室认可合作组织的正式成员，同时也签署了实验室检验检测的互认协议。印度认证机构国家认可委员会还与太平洋认可合作组织签署了符合 ISO/IEC 27001 标准的信息安全管理系统认证，以及符合 ISO 22000 标准的食品安全管理体系认证的互认协议。[①]

---

① 参考印度标准门户网站 http://indiastandardsportal.org/Detail.aspx？MenuId=21.

（四）国际合作项目及相关活动

为促进双边经济技术合作，印度与德国加强了标准化、合格评定、产品安全方面的对话，于2013年4月成立了印度—德国质量基础设施的双边工作组。工作组的目标是打破技术贸易壁垒，加强产品安全，确保消费者利益。印度各部委如商工部、电子和信息技术部、道路交通和高速公路部、重工业和公共事业部，以及监管机构、行业协会及企业都参与其中。印德两国成立了质量基础设施工作组，并开展了一系列国家质量基础设施合作，如循环经济、智慧农业、固体废物管理、智能电网/微电网、直流微电网、食品安全、产品安全、数字技术和信息安全等领域的项目合作。印德质量基础设施工作组每年召开的圆桌会议也属于项目合作的一部分。通常来说，圆桌会议期间，印德两国会签署新的质量基础设施合作工作计划。在2022年第八次印德质量基础设施工作组会议期间，德国联邦经济事务和气候行动部（BMWK）与印度消费者事务、食品和公共分配部（MoCAF&PD）签署了2022年工作计划。该工作计划包括循环经济和智慧农业等新主题。

在项目合作过程中，印度根据项目研究情况开展了一系列相关培训。例如，印度为医疗器械制造商制定了医疗器械质量管理体系实施ISO 13485：2003宣传方案，组织了产品安全工作计划的监管要求培训，针对中小企业开办食品安全与食品安全标准的基础培训课程，还研究德国玩具行业对其从印度进口的玩具的质量和安全要求，并在研讨会上展示其对标准、测试方法、法规方面的研究。

印度还与联合国工业发展组织（UNIDO）联合开展"市场准入和贸易便利化"项目。该项目旨在通过支持南亚最不发达国家增强标准、计量、测试和质量相关的制度建设和提升国家能力，实现贸易便利化。

小结

随着印度经济的不断发展，印度对高质量产品和服务的需求也在增长，质量基础设施在印度发挥着越来越重要的作用。印度质量基础设施体系架构建立在其技术法规与标准、合格评定、计量及市场监管体系的基础上，旨在符合国际国内监管要求，满足消费者对质量的期望。

本章节从标准、认可与合格评定、计量、市场监管的角度对印度宏观层面的质量基础设施建设情况进行了较为详细的阐述。印度质量基础设施发展主要分为四个阶段：建立质量基础设施体系的法律框架与机构；制定行业标准，推行 ISI 产品认证；引入行业全球标准，推广质量管理体系；改革质量基础设施机构，融入世界经济，强化认证认可与技术法规的监管作用。印度的国家质量基础设施建设开始较早，虽然过程发展曲折，但已基本搭建起完整的国家质量基础设施框架（见图 1.6）。

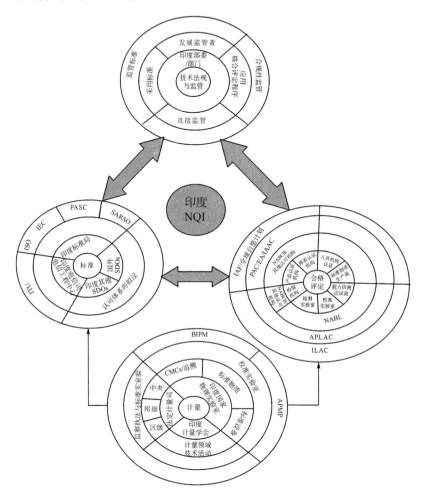

图 1.6　印度质量基础设施体系框架

标准方面，印度先后成立了印度标准协会和印度标准局，制修订印度标准，转化先进国际标准，积极开展国内外标准化活动。认可与合格评定方面，执行合格评定方案，设立 WTO/TBT 咨询点，成立印度质量委员会并下设认可委员会，建立认可实验室网络，扩大整个认可与合格评定体系范围，与 IAF、PAC 等机构签署双多边协议，以支持产业发展。计量方面，行政上，在中央政府层面和邦级层面设法定计量司；技术上，建立印度国家物理实验室、印度计量学会等技术服务机构，建立起国家计量追溯体系，协助开发标准物质和标准设备，稳固发展整个质量基础设施体系的基石。市场监管方面，制定相关法律法规，成立行业监管机构并授权相关机构开展监管活动，根据上市前的产品合格评定管制及上市后的产品抽查，实施认证监督与执行监督，验证体系运行的有效性。

　　总体看来，印度为了满足经济形势的发展需求，促进产业高质量发展，不断地完善着国家质量基础设施体系。印度质量基础设施战略明确其质量基础设施建设的目标及方向，即通过促进标准、技术法规、合格评定认可与计量、市场监管这质量生态系统四大支柱的协调发展，强化印度的产业竞争力，提升其国际话语权。

第二章 巴基斯坦质量基础设施发展情况

巴基斯坦科技部（Ministry of Science and Technology）下属机构巴基斯坦标准与质量控制局（Pakistan Standards and Quality Control Authority）、巴基斯坦国家认可委员会（Pakistan National Accreditation Council）、巴基斯坦国家物理与标准实验室（National Physical and Standards Laboratory）是国家质量基础设施的核心机构。本章将对巴基斯坦国家质量基础设施相关政策战略、法律法规、三大核心机构的运行机制及其组织或参与国内外活动情况进行综合分析。

第一节 巴基斯坦质量基础设施发展历史沿革

巴基斯坦国家质量基础设施建设大致经历了三大发展阶段：1995 年加入 WTO 之前即 1951 年至 1994 年为独立发展期；1995 年至 2004 年的调整完善期；2005 年至今的规范提升期。巴基斯坦质量基础设施机构发展沿革情况如图 2.1 所示。

一、独立发展期（1951 年至 1994 年）

1947 年印巴分治后，印度于次年对巴基斯坦实施贸易禁运，并禁止向巴基斯坦转移资金。由于巴基斯坦高度依赖来自印度的进口产品，此次贸易战对巴基斯坦产生了极为不利的影响。① 为降低对进口产品的依赖、重振经济、解决贫困和失业问题，巴基斯坦政府在建国初期便开始大力鼓励国内贸易投资，提倡进口替代，优先发展轻工业，实施产业保护政策，计划迅速实现工业化。

---

① SAHAR S H, VAQAR A. Experiments with industrial policy: the case of Pakistan [J]. Sustainable Development Policy Institute, 2012, 124（2）: 257-263.

为促进工业增长，1951 年，巴基斯坦在工业部下成立巴基斯坦标准协会（Pakistan Standards Institution）、中央检测实验室（Central Testing Laboratories）、巴基斯坦研究部（Pakistan Department of Research）等技术部门。[①] 中央检测实验室为标准协会、海关等公私机构提供检测服务。1953 年，巴基斯坦研究部重组为巴基斯坦科学与工业研究理事会（Pakistan Council of Scientific and Industrial Research），主要侧重科技研发，为巴基斯坦工业发展提供技术支持。

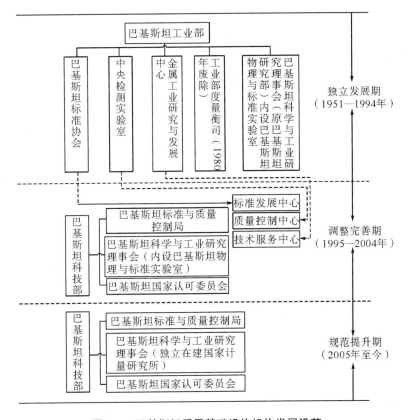

图 2.1　巴基斯坦质量基础设施机构发展沿革

1958 年至 1969 年 3 月，阿尤布·汗执政十一年是巴经济迅速发展的时期。[②] 巴基斯坦政府通过实施宽松的工业许可证制和国有工业发展银行提供贷款的方式，推动国内工业发展，以卡拉奇为中心及其周边地区出现了小型纺织

---

① 参考维基百科的网站"巴基斯坦科学与工业研究理事会"词条，网址为：https://en.wikipedia.org/wiki/Pakistan_Council_of_Scie ntific_and_Industrial_Research.

② 李德昌. 独立以来的巴基斯坦经济——兼与印度比较 [J]. 南亚研究季刊, 1985（1）：11-13.

品企业。为了规范市场行为，巴基斯坦当局出台《巴基斯坦标准协会（认证标识）法令（1961）》（*Pakistan Standards Institution（Certification Marks）Ordinance*，1961），巴基斯坦标准协会据此具备了向产品制造商颁发认证标志使用许可证的权利。至此，巴基斯坦标准协会主要负责制定国家标准、开展强制性产品认证和检测检验工作。

1969 年至 1977 年是巴经济发展速度下降时期。这一时期，巴基斯坦国家政权更替频繁、东巴独立、政局动乱，使政府无力顾及经济，五年计划中断，改行年度计划。加之气候反常、国际经济危机的影响，从 1969 年到 1977 年，巴基斯坦的经济发展遭受严重挫折，经济增长速度大幅度下降。尤其是 1971 年年底阿里·布托执政后，私人企业发展开始受到控制，部分基础工业国有化。国家质量基础设施在管理上，也体现出中央集权化和侧重重工业的特点。1974 年，工业部设立了独立的度量衡司（1980 年废除），用以管理国家度量衡相关的工作；1975 年，工业部下又设立金属工业研究与发展中心（Metal Industry Research and Development Centre），专注于金属和冶金工业产品的研发。[1]

1977 年 7 月，齐亚·哈克执政后，在经济上对布托的国有化政策实行大范围的调整，巴基斯坦经济发展回暖。1980 年，美国国际发展署（USAID）提供援助资金、美国商务部国家标准局提供技术指导，在巴基斯坦科学与工业研究理事会下组织成立巴基斯坦国家物理与标准实验室，该实验于 1983 年独立开展计量校准工作。[2]

二、调整完善期（1995 年至 2004 年）

1995 年，巴基斯坦作为 WTO 创始成员国，践行乌拉圭回合谈判达成的协议，于 1997 年至 2003 年实施彻底的贸易自由化改革。2002 年，巴基斯坦平均适用税率约为 17.4%，与 1985 年的 56% 和 1985 年的近 80% 相比，出现了急剧下降；与此同时，巴基斯坦还取消了进口配额、进口附加费和监管税等贸易限制措施。然而，在降低进口产品限制门槛时，发达国家名目众多的非关税壁垒、国际市场上更为优质的商品一直挤压着巴基斯坦出口产品的市场空间。因

---

① SAEED A S. Pakistan standards & quality control authority（PSQCA）：a critical analysis［R］. 17th Senior Management Course，2015.

② REISER H S，THEODORE M M，PENELOPE M O. NBS/AID/PCSIR survey on standardization and measurement services in Pakistan［R］. National Bureau of Standards U. S. Department of Commerce，1980.

此，为确保国内产品消费安全、销量提高或至少保护出口产品的市场竞争力，巴基斯坦开始重视国际标准化和质量控制工作。这一阶段，巴基斯坦的国家质量基础设施建设开始与国际接轨。巴基斯坦主管部门根据本国的国情和经济发展实际，在积极引进国际先进标准的同时，也在组织机构、管理模式、法律法规等方面进行大胆创新。巴基斯坦议会于 1996 年 3 月 17 日颁布《巴基斯坦标准与质量控制局法案（1996）》(*Pakistan Standards and Quality Control Authority Act*, 1996)，授权科技部成立国家标准化机构。通过这项法案，巴基斯坦标准与质量控制局自 2000 年 12 月 1 日起开始运行。该局由隶属于工业部下的巴基斯坦标准协会、中央检测实验室、金属工业研究与发展中心三部门整合而成，在此基础上分别设立了标准发展中心（Standard Development Centre）、质量监控中心（Quality Control Centre）和技术服务中心（Technical Services Center）。1998 年，在科技部下成立巴基斯坦国家认可委员会。此外，原属于巴基斯坦工业部下的技术部门——巴基斯坦科学与工业研究理事会及计量部门巴基斯坦国家物理与标准实验室也转由巴基斯坦科技部管理。

这是自加入 WTO 之后，巴基斯坦对国家质量基础设施技术服务部门的一次重大的部门调整。截至 1998 年年底，巴基斯坦基本建成了国家标准、计量、认可与合格评定质量基础设施技术服务机构，相关机构从工业部下转至科技部统一规管。

三、规范提升期（2005 年至今）

进入 21 世纪，巴基斯坦在深入国际市场时发现，产品出口举步维艰。国家认可委员会没有签署国际实验室认可合作组织和国际认可论坛的互认协议；国际市场不承认巴基斯坦国内合格评定机构出示的检测、检验或认证报告；国家计量机构——巴基斯坦国家物理与标准实验室的实验室倒闭；国家标准机构巴基斯坦标准与质量控制局同时负责标准的制定、检验、检测和强制性产品认证工作的行为违背良好国际惯例；2004 年颁布的《国家质量政策战略与规划》(*National Quality Policy and Plan*) 由于资金、人员、管理等原因迟迟无法落实。[①] 尤其是 2004 年，欧盟以质量安全问题为由，禁止进口巴基斯坦鱼类，严重破坏了巴基斯坦产品的国际市场名誉和挫败了其开发国际市场的信心。

在此背景下，由欧盟、联合国工业发展组织和挪威开发合作署提供援助资

---

① MARTIN K. Pakistan QI toolkit case studies: international bank for reconstruction and development [R]. The World Bank and Physikalisch-Technische Bundesanstalt (PTB), 2019: 169.

金，成立贸易相关技术援助（Trade Related Technical Assistance，TRTA）项目，由项目指导委员会联合巴基斯坦相关部门实施包括国家质量基础设施建设在内的可持续工业发展能力建设工作。2004 年至 2014 年，两期 TRTA 项目实施期和项目三段过渡期的累计时间约 9.25 年。在这个时期，国家标准机构巴基斯坦标准与质量控制局的国家标准建设能力和国际标准化活动参与能力大幅提升，国家认可机构巴基斯坦国家认可委员会受国际或区域组织的认可度增强，国家计量机构巴基斯坦国家物理与标准实验室的科学计量能力和国际认可度得到大幅提升，巴基斯坦对国内合格评定机构的管理机制不断完善。至此，巴基斯坦质量基础设施与国际社会的接轨程度不断加深。

综上所述，自 1951 年巴基斯坦政府开始建立国家质量基础设施至今，发展已逾 70 年。通过这一段历程，我们可以明显的发现，巴基斯坦国家质量基础设施机构设置在不断完善，机构职能也在积极向国际良好实践靠拢。

第二节　巴基斯坦质量基础设施政策战略

巴基斯坦独立建国以来，先后于 2004 年和 2021 年出台国家质量政策文件，两份政策文件的内容差异性较大。2004 年的政策规划的重点是对巴基斯坦国家质量基础设施相关机构建设工作的部署、工业制品质量和技术水平的提升。2021 年的政策文件则侧重于提升国家质量基础设施能力、协调国家质量基础设施技术服务部门与各行业监管部门及行业监管部门之间的矛盾与分歧。下文将对这两份政策规划进行详细分析。

一、《国家质量政策与规划（2004）》

2000 年 10 月，由巴基斯坦科技部秘书长牵头，成立指导委员会监督制定《国家质量政策与规划》。该政策规划由巴基斯坦国家认可委员会执笔，在亚洲开发银行、巴基斯坦国内外专家顾问的支持下，于 2004 年出台，即《国家质量政策与规划（2004）》。文件分为三大部分：目的和目标、国家质量政策实施行动计划与实施机制、缩略语列表。

政策规划旨在加强巴基斯坦国家质量基础设施，以促进国内经济增长、扩大产品出口、确保生产安全优质且极具市场竞争力的环境友好型产品。

文件要求在协调好政策规划与巴基斯坦其他政策规划之间的关系和避免重复工作的前提下，实现以下目标：①政府致力于创造一个高质量环境，促进各行业部门的最佳质量实践；②通过加强和改善计量、标准、检测和质量保证体系，以及制定和有效实施技术法规的能力，以建立强大的国家质量基础设施；③提升产品质量，增强服务能力；④通过培训、教育和建立数据库等方式，提高生产水平；⑤通过重点领域的技术研发、研发机构的重组和建立工业集群委员会，提升技术水平；⑥增强国民质量基础设施意识，培养质量基础设施储备人才，以为未来应对新的世界贸易秩序挑战做好准备；⑦通过制定有效的监管机制、产品认证和其他合格评定政策方案来保护消费者权利。

依据各项目标，政策规划文件中也制定了相应的实施细则，详细内容如表2.1所示。

表 2.1　《国家质量政策规划（2004）》目标与实施细则

序号	目标	实施细则
1	创造高质量环境	·建立国家质量委员会 ·支持实施国家和国际标准 ·启动国家质量奖计划 ·通过组织提高质量认识活动，创造质量文化氛围
2	发展质量基础设施	·加强和升级计量、标准、认可及合格评定等质量基础设施 ·审查和核实技术法规 ·对检测实验室进行认可 ·开展检验、检测和校准服务 ·对认证机构进行认可 ·增强巴基斯坦标准与质量控制局、巴基斯坦国家认可委员会、巴基斯坦国家物理与标准实验室的能力 ·加强和升级工业集群和主要农作物区附近的实验室检测能力
3	提升产品质量和服务能力	·提高产品质量 ·采用有效的质量评价体系 ·批量生产工业制品 ·创建相关的国家组织，作为最佳质量改进实践的信息来源地
4	提高生产能力	·实施提高效率和管理实践的政策措施 ·开展质量和生产力提升相关的培训和教育 ·建立数据和信息库
5	提升技术水平	·技术升级和更换过时的机械 ·促进研发以提高质量和生产力 ·重组研发机构 ·建立集群委员会

表2.1(续)

序号	目标	实施细则
6	提升质量意识和增强人力资源	·创造质量意识 ·创建政府全面质量管理的概念 ·高等院校设立质量学科 ·开展质量宣贯培训会 ·组织相关研讨会 ·为应对世贸组织的挑战和机遇做好准备
7	消费者权益保护	·制定消费者权利保护法律法规 ·制定有效的产品认证方案 ·各部门对质量保证相关的活动进行合理化处理 ·防止危险产品的供应和控制不合格产品的进口

为了实现上述目标，政策规划文件中制定了相应的项目实施方案，并计划在 5 年内以近 100 亿卢比的成本予以落实。

不过，政策实施过程中面临以下难题：首先，质量政策规划范围超出质量基础设施建设范围，将本应在工业发展政策中加以处理的工业发展规划囊括入内，导致政策落实过程中面临如何合理分配资金，如何处理工业监管部门与国家质量技术服务部门在落实工业发展规划时的跨部门跨级别的关系等问题；其次，该政策文件由巴基斯坦国家认可委员会起草完成，与此同时该文件也赋予巴基斯坦国家认可委员会"监督"其他质量基础设施技术服务机构的权力，认可组织的职权范围决定了其不具备监督标准、计量、合格评定、市场监管机构实施国家质量政策的权力；最后，国家质量政策的实施资金短缺。据此，建设预算不足、部门执行规划失当，导致 2004 年版国家质量政策迟迟未能落实。

二、《巴基斯坦国家质量政策（2021）》

巴基斯坦质量基础设施相关技术服务部门经过多年的发展后，基本确立了特定部门的职能方向。与此同时，由于《国家质量政策与规划（2004）》未能落实，巴基斯坦国家质量基础体系运作中存在的问题也无法根除。譬如，国家质量基础体系的国际认可程度低；市场服务性不足；大量检测、检验和认证机构不具备巴基斯坦国家认可委员会认可资质，导致其出具的合格评定文件在国际市场上的认可度低；训练有素的质量基础体系服务人才匮乏等。此外，各部委技术法规的矛盾及其与国家质量基础设施体系的分歧也阻碍巴基斯坦国内和国际商贸活动。因此，《巴基斯坦国家质量政策（2021）》（*Pakistan National Quality Policy*, 2021）着重于改进上述待解难题。该文件设定了 5 大政策目标及近 5 年来的政策实施计划，详细内容见表 2.2。

表 2.2　《巴基斯坦国家质量政策（2021）》政策目标与实施计划

序号	政策措施	第一年	第二年	第三年	第四年	第五年
政策目标 1：①确保来自巴基斯坦或在巴基斯坦交易的货物和服务的设计、制造及供应方式符合买方、消费者、交易所在地和出口市场监管机构的要求；②服务于家庭、公共和工作场所的安全，并有助于环境保护						
1.1	实施国家质量政策并协调相关措施	更换《巴基斯坦标准与质量控制局法》	X	X	X	X
1.2	修订和制定国家质量政策相关的立法	修订或制定以下法规：（1）标准制定法规（修订）（2）合格评定法规（修订）（3）技术法规实施法规（制定）（4）服务法规（修订）（5）财政法规（制定）	X			
政策目标 2：设计和建立符合巴基斯坦发展需求且国际认可的计量、标准化、认可、检验、检测和认证等质量基础设施						
2.1	计量：建立国家计量体系：①将巴基斯坦国家物理与标准实验室建设成为独立的国家计量研究机构②设立指定的计量机构③能力建设④列入国际计量局数据库中校准与测量能力数目	按照 ISO/IEC 17025：2017 标准，定期提升校准与测量能力，以在国家和国际层面建立和维护信誉	①通过提供机构内部和现场测试、校准和咨询服务，促进巴基斯坦产品交易和工业发展。②开展国家计量研究机构技术人员转移培训	①在认可周期内（3 年）定期参与并提供实验室间比对（ILC）和能力验证（PT）项目。②确保能力验证供应商符合 ISO/IEC 17043：2010	①测量程序、方法（标准、CRM 和 SRM）的开发和验证。②设计、开发和生产二次工业和商业测量标准	认识和传播温度、电、质量、时间等基本国际单位制的单位
2.2	工业计量：巴基斯坦国家物理与标准实验室积极支持巴基斯坦的校准服务	按照 ISO/IEC 17025：2017 标准，定期升级和改进校准与测量能力，以在国家和国际层面建立和维护信誉	（1）通过提供机构内部和现场测试、校准和咨询服务，促进巴基斯坦产品交易和工业发展（2）开展国家计量研究机构技术人员转移培训	（1）在认可周期内（3 年）定期参与并提供实验室间比对（ILC）和能力验证（PT）项目（2）确保能力验证供应商符合 ISO/IEC 17043：2010	（1）测量程序、方法（标准、CRM 和 SRM）的开发和验证（2）设计、开发和生产二次工业和商业测量标准	认识和传播温度、电、质量、时间等基本国际单位制单位

序号	政策措施	第一年	第二年	第三年	第四年	第五年
2.3	法定计量：建立控制测量设备的国家框架，以确保在贸易、执法、卫生服务和环境管理中的公平测量	按照 ISO/IEC 17025：2017 标准，定期校准与测量能力，以在国家和国际层面建立和维护信誉	（1）通过提供机构内部和现场测试、校准和咨询服务，促进巴基斯坦产品交易和工业发展（2）开展国家计量研究机构技术人员转移培训	（1）在认可周期内（3年）定期参与并提供实验室间比对（ILC）和能力验证（PT）项目（2）确保能力验证供应商符合 ISO/IEC 17043：2010	（1）测量程序、方法（标准、CRM 和 SRM）的开发和验证（2）设计、开发和生产二次工业和商业测量标准	认识和传播温度、电、质量、时间等基本国际单位制的单位
2.4	省级法定计量：在省一级重建法定计量执法体系并加强执法工作	委员会将与各省就此事进行商议	X	X	X	X
2.5	标准：加强制定和发布国家标准，包括：（1）符合 WTO/TBT 协议和 IEC 指令（2）符合国家需求（3）根据巴基斯坦的实际情况，尽可能采用国际和区域区标准		（1）开发标准化所需的软件（2）开展巴基斯坦标准与质量控制局专家和官员培训（3）提升国际标准制定活动的参与度（4）基础设施升级			
2.6	建立标准制定机构注册系统，以制定行业特定标准		（1）开展标准制定机构注册工作（2）申请创建 ISO/IEC/OIML 技术委员会的镜像委员会			
2.7	在巴基斯坦标准与质量控制局和标准制定机构中建立相关技术委员会，根据批准的指南和规则制定标准		（1）参与 ISO 委员会，积极参与制定合格评定标准（2）开展巴基斯坦标准与质量控制局官员和专家培训工作			
2.8	通过巴基斯坦标准与质量控制局、巴基斯坦贸易与发展研究所和巴基斯坦贸易发展局，建立和维护有关标准和技术法规的有效信息网络	该目标已通过"巴基斯坦单一窗口"平台实现（注：该平台已在 2022 年正式上线）				

序号	政策措施	第一年	第二年	第三年	第四年	第五年
2.9	认可：确认巴基斯坦国家认可委员会为巴基斯坦唯一的国家认可机构，维持ILAC和IAF对巴基斯坦国家认可委员会的认可地位，并将认可服务范围扩展到其他相关领域	（1）ISO 13485（2）食品安全管理体系（3）医院认可	（1）Global GAP（2）GLP（3）ISO17034	（1）ISO 18788（2）ISMS	与亚太认可合作组织（APEC）的多边互认协议将至少包括以下计划之一：（1）医学实验室（2）能力验证	发布以下新计划：（1）温室气体（2）可持续林业（3）绿色建筑规范
2.10	合格评定：建立一个由公共和私营合格评定服务商组成的资源库，以便在技术法规方面提供技术合格的服务	（1）合格评定工作外包（2）基础设施升级	（1）合格评定工作外包（2）基础设施升级	（1）合格评定工作外包（2）基础设施升级	X	X
政策目标3：通过实施国家技术法规框架来落实技术监管制度，以满足WTO、TBT和SPS协议及国际最佳实践等要求，包括在NQI机构和国家监管机构之间建立合作，并与国际同行开展合作工作						
3.1	明确联邦和省政府在技术法规制定和实施方面的责任	（1）建立技术培训中心，培训与合格评定相关的联邦和省级人力资源（2）在巴基斯坦标准与质量控制局设立计划与发展部门				
3.2	在商务部和纺织工业部下设立技术法规协调办公室，监督技术法规框架的实施	该目标已通过"巴基斯坦单一窗口"平台实现	X			
3.3	制定并实施国家技术法规框架	部际协调小组将制定和实施国家技术法规框架	X	X	X	X
3.4	与技术法规协调办公室协调，重新确认联邦和省级监管机构	建立支撑落实技术法规及将国家数据库与技术法规协调办公室相连接的网络基础设施	X	X	X	X
政策目标4：开发支持各种标准化、质量和技术监管计划所需的人力资源，因为服务的提供完全有赖于训练有素的熟练劳动力						
4.1	在质量管理、体系和全面质量管理方面建立中等和高等教育计划	X	X	X	X	X
4.2	建立计量师、审计员和顾问的专业培训和注册体系	X	X	X	X	X

表2.2(续)

序号	政策措施	第一年	第二年	第三年	第四年	第五年
政策目标5：提高供应商和消费者的质量意识，培养社会质量文化						
5.1	制定并实施沟通策略，以增强质量意识	加强国家咨询点在提升大众质量意识方面的作用	X	X	X	X
5.2	与各部委、监管机构、地方当局就质量问题进行磋商	正在进行当中	X	X	X	X
5.3	巴基斯坦标准与质量控制局、国家物理与标准实验室和巴基斯坦国家认可委员会在公共和私营部门开展国家质量意识提升活动	（1）在大学、商会和其他公共论坛上安排研讨会、培训和意识课程（2）通过印刷、电子文化产品和社交媒体增强质量意识				

（资料来源：Government of Pakistan. Ministry of Science and Technology ［R］. Pakistan National Quality Policy，2021.）

注：表2.2中"X"代表"同上"，空白代表实施目标已达成，当年无法目标实施计划。

三、巴基斯坦质量基础设施战略特点

（一）战略政策的连贯性与计划性强

通观巴基斯坦国家质量政策的演变历程，自2004年首次颁布国家质量政策规划至2021年制定完成国家质量政策，前者为巴基斯坦国家质量基础设施的系统建设指明了方向，后者既是为巴基斯坦国家质量基础设施为期17年的建设发展中存在的不足之处提供改进方案，也是对新形势下巴基斯坦国家质量基础设施与各行业监管部门之间、各技术法规制定部门之间、联邦政府权力下放后中央与地方之间矛盾冲突解决方案的一种探索。不过，2021年国家质量政策较2004年版而言，计划内容更为详尽且实操性强。

（二）对国际资金和技术援助的依赖程度深

巴基斯坦政府乐于寻求国际组织或国外专家的支持。2004年版国家质量政策在亚洲开发银行、巴基斯坦国内外专家顾问的指导支持下成形。2021年版国家质量政策实质上也是在欧盟资金支持下、联合国工业发展组织牵头的贸易相关技术援助项目二期输出成果《巴基斯坦国家质量政策（2014）》（最终草案）的基础上调整修改而成的。

（三）注重全球化、多元化发展

巴基斯坦国家质量政策也反映出，其战略视野朝全球化和多元化方向发

展。在国际活动参与方面，政府支持有关各方积极参与与国家质量基础设施各职能相关的国际活动，使巴基斯坦与国际发展水平保持一致。政策战略鼓励所有利益攸关方通力合作，为积极参与国际标准化组织、国际电工委员会、国际法定计量组织、国际计量局、国际食品法典委员会、国际电信联盟、国际植物保护公约、世界动物卫生组织、国际认可论坛、国际实验室认可合作组织等国际组织及南亚区域合作联盟、亚太实验室认可合作组织和亚太法制计量论坛等区域组织创造有利条件。在国家标准制修订和技术服务部门管理运作标准上，巴基斯坦国家质量政策更多强调在条件允许的情况下，协调国家标准、区域标准、国际标准的关系，尽量保持国家标准与区域、国际标准的一致性，以避免造成不必要的技术性贸易壁垒。

（四）品牌质量意识的不断增强

1948 年，巴基斯坦国父真纳便提出希望巴基斯坦成为世界市场标准和质量的同义词和标志。2021 年国家质量政策中，更是设定了"巴基斯坦制造，以质量闻名"（"Made in Pakistan"known for quality）的愿景。为实现这一目标，巴基斯坦政府在政策战略中制定了自上而下的同步发展改革策略。在政府层面，完善和升级标准、计量、认可等质量基础设施建设，协调行业监管部门、联邦与地方政府政策法规关系；根据巴基斯坦自身发展水平，鼓励优先采用国际和区域标准，确保技术法规所涉标准与国家标准的一致性。在市场层面，给予公私合格评定机构充分发展空间，提升合格评定机构的国际化水平与市场权威性；政府通过采取优先采购符合合格评定要求的企业产品等措施，对严格执行合格评定的中小企业予以财政支持与鼓励；增强消费者质量意识与市场监管能力等。从机构改革到意识增强，巴基斯坦国家质量政策以完善软硬设施为抓手，自上而下、综合全面地打造出一套国家品牌质量的运作机制。

（五）行政管理架构规划趋于科学合理化与完整化

一是针对巴基斯坦联邦与省政府技术监管政策不一、质量基础设施技术服务部门与行业监管部门职能分工不明和利益冲突等问题，2021 年版国家质量政策提出了在商务部下设立技术法规协调办公室，协调各行业监管部门关系和技术法规政策，进而避免了由各部门各自为政造成的管理混乱、监督冲突和资源浪费等问题。

二是 2021 年版国家质量政策为巴基斯坦质量基础设施各技术服务机构确定了纵深发展方向与完整的业务发展链条。在标准领域，规定由巴基斯坦标准与质量控制局建立标准制定机构注册系统，由标准制定机构制定特定行业标准。这一举措改变了巴基斯坦单一国家标准的现状，有利于增强国家标准、行业标准的市场指向性。在认可领域，规定巴基斯坦国家认可委员会健全清真认可体系、扩充认可服务范围。在计量领域，要求建立健全巴基斯坦国家联邦与省级法定计量框架，建立独立的计量监管机构。上述政策规划的制定与落实，有利于完善巴基斯坦国家质量基础设施建设。

（六）高度重视增强全民质量意识的工作

不论是 2004 年版还是 2021 年版国家质量政策，均强调通过多种途径和手段，创造国家质量文化氛围，提升国民质量意识水平。在教育层面，包括在教育机构设立国家质量基础设施相关的专业版块，设置针对成人的质量体系培训方案与课程；由政府支持制定培训和注册项目，扩大国家质量基础设施技术服务部门的培训对象与培训领域，培养高素质的专业人才。在日常意识层面，通过对日常生活和工作的标准化规制，行业协会及其他质量基础设施机构的推广和应用，开辟媒体宣传版块，推广国家质量奖项等方式，增强国民质量意识。在主体参与层面，巴基斯坦政府允许非政府组织、贸易促进组织、私人部门等集团或个体参与国家质量基础设施建设，也在一定程度上增强了其对国家质量建设的主人翁意识。

第三节　巴基斯坦质量基础设施法律法规

一、标准相关法律法规

标准领域的法律法规分为两类：一是与标准技术管理与服务部门相关的法律法规，即围绕巴基斯坦国家标准机构巴基斯坦标准与质量控制局开展标准相关工作而颁布的法律法规；二是由各行业监管部门颁布的涉及行业标准的法规指令。

（一）标准技术服务部门法律法规

巴基斯坦标准技术服务部门相关的法律法规主要有《巴基斯坦标准与质量控制局（修订）法（2019）》 ［*Pakistan Standards and Quality Control Authority* （*Amendment*）*Act*，2019］、《巴基斯坦标准条例（2008）》（*Pakistan Standards Rules*，2008）和《巴基斯坦标准与质量控制局服务条例（2015）》 （*PSQCA Service Regulation*，2015）。

《巴基斯坦标准与质量控制局（修订）法（2019）》 于 2019 年 10 月在《巴基斯坦标准与质量控制局法（1996）》的基础上修订而成，该法案是巴基斯坦标准与质量控制局实施管理标准和处理合格评定事务的基本法律依据。法案对标准局的管理、董事会及咨询委员会的构成、局长的职责、标准局的权利和职能、标准局官员和工作人员的任命、资金来源、预算和禁止事项等做了详细规定。

《巴基斯坦标准条例（2008）》规定了巴基斯坦国家标准的制定原则与具体流程。具体明确了国家标准委员会、技术委员会的构成和具体职能；标准的制定、修改、废除和发布的程序与要求；临时性标准的制定要求；国家标准的结构规范。法规强调，巴基斯坦标准与质量控制局在制定、修改、废除和发布国家标准时，应充分考虑由消费者、生产商、技术专家、科学家和政府官员组成的委员会的意见。[①]

《巴基斯坦标准与质量控制局服务条例（2015）》主要对巴基斯坦标准与质量控制局的人事任免、人员调动和薪资福利等相关事项进行了规定。

（二）行业监管部门技术法规指令

巴基斯坦行政监管部门出于维护国家安全、防止欺诈行为、保护人身健康或安全、保护动植物生命和健康及保护环境的目的，颁布实施了食品、种子和移动设备等行业的技术法规。此外，巴基斯坦商务部通过不时颁布法定监管令的形式，设置相关行业进出口产品市场准入门槛。

1. 食品安全

巴基斯坦政府尤其注重防止食品掺假，禁止销售有毒食品两个方面的食品安全问题。《西巴基斯坦纯净食品条例（1960）》（*West Pakistan Pure Food Ordinance*, 1960）对此做了基础性规定。该条例旨在规范西巴基斯坦（现在的巴基斯坦）的食品制造与销售标准，防止食品掺假，保障销售市场上食品的纯净度。条例分为五大部分，包括相关概念界定、食品掺杂的一般性规定、食品样品调查分析程序、对违法违规行为的处罚程序、执法机构及人员安排。目前巴基斯坦各省均在该条例基础上修订颁布了省级纯净食品法律法规。该条例虽不适用于营区，但营区当前适用的《营区纯净食品法（1966）》（*The Cantonment Pure Food Act*, 1966）与该条例并无本质区别。

依据纯净食品法有关规定，巴基斯坦联邦政府颁布了《西巴基斯坦纯净食品法规（1965）》（*West Pakistan Pure Food Rules*, 1965）和《军营纯净食品法规（1967）》（*Cantonment Pure Food Rules*, 1967）。纯净食品法规是巴基斯坦食品质量与安全监管的根本执法依据，2007 年经修订后，对乳及乳制品、

---

① 参考巴基斯坦标准与质量控制局的网站，网址是：http://www.psqca.com.pk/about/pakistan%20standards%20rules.pdf.

食用油及油脂制品、饮料、粮食和谷物、淀粉类食品、香料和调味品、甜味剂、水果和蔬菜、杂项食品九大类共计 104 种食品的纯净度、添加剂、防腐剂、食用色素、抗氧化剂及重金属含量进行了规范；此外，其也对食品包装、标签、储存、输送、实验室评估和食品样品检测等做了详细说明。

《巴基斯坦酒店和餐馆法》（*Pakistan Hotels and Restaurants Act*）于 1976 年颁布实施。法案旨在规范巴基斯坦酒店和餐馆的设施与服务标准。该法案第 22（2）条规定，销售受污染、未经卫生处理、包装不卫生或不清洁的食物或饮品，即属违法。值得注意的是，该法案既未明确提及消费者投诉的权利，也未阻止任何人起诉，更未提及消费者赔偿细则。

2016 年，巴基斯坦政府颁布《巴基斯坦清真管理局法（2016）》（*Pakistan Halal Authority Act*, 2016），在科技部下成立清真管理局，负责制定清真标准、开展清真认证、授权使用清真标志、对进出口商品进行检验等工作。虽然清真管理局尚未完全步入正轨，但是巴基斯坦已经着手对进口产品设置清真认证的技术性贸易措施。2019 年 2 月 19 日，巴基斯坦商务部发布的法定监管令 S. R. O. 237（I）/2019 规定，所有加工食品包装上均需添加"清真认证"标识。进口产品装运前应出示由国际清真认可论坛（International Halal Accreditation Forum）或伊斯兰国家标准计量研究所（Standards and Metrology Institute for the Islamic Countries）的成员机构授权的清真认证机构签发的清真认证证书。[①] 此外，监管令还规定，应用乌尔都语和英语将食品的营养成分、使用说明等细节印刷在消费者包装上。

2. 移动设备

巴基斯坦电信管理局（Pakistan Telecommunication Authority）基于《巴基斯坦电信重组法（1996）》（*Pakistan Telecommunication（Re-Organization）Act*, 1996），于 2017 年 12 月实施《型式许可技术标准条例（2017）》（*Type Approval Technical Standards Regulations*, 2017），并先后在 2018 年 12 月、2019 年 4 月和 2021 年 9 月进行了多次修订，最终形成《型式许可技术标准条例（2021）》（以下简称《条例（2021）》）。《条例（2021）》明确了移动设备参照标准、型式许可认证申请程序、申请材料、处理流程、认证费用、证书签发和撤销等程序、型式许可登记要求和终端设备标识规范等内容。

在技术标准方面，《条例（2021）》规定，所有移动设备应符合巴基斯坦

---

① 参考巴基斯坦商务部的网站 https://www.commerce.gov.pk/wp-content/uploads/2019/02/20190219.pdf.

电信管理局规定的技术标准，在巴基斯坦电信管理局没有就相关移动设备制定技术标准时，可采用国际电信联盟电信标准分局（ITU-T）、欧洲标准（EN）、国际电工委员会、国际电工委员会国际无线电干扰特别委员会（International Special Committee on Radio Interference，IEC）、欧洲电工标准化委员会（CEN-ELEC）、欧洲电信标准化协会（ETSI）、职业健康安全管理体系（OHSMS）、国际标准化组织、欧盟无线电设备（RED）指令2014/53/EU所涉及的相关标准和IEC 62368安全标准。

此外，《条例（2021）》还规定，巴基斯坦电信管理局接受由原产国国家认可机构认可的世界知名实验室出具的检测报告，所有移动设备必须符合如下基本要求和标准：

（1）交互性（Interoperability）；

（2）具备有效的国际移动设备身份码（IMEI）；

（3）安全要求（比如移动/手持设备电磁辐射局部暴露限值方面，任意10克生物组织，平均比吸收率值不得超过2瓦/千克）；

（4）所提供符合条例相关标准的检测报告必须由原产国国家认可机构认可的实验室出具。

二、计量相关法律法规

巴基斯坦的计量历史始于印度河流域早期文明，最早的考古证明可追溯到公元前5千年。莫卧儿帝国（1526—1857年）时期，制定测量标准，以确定土地持有量和计算土地税。英国殖民印度时期，殖民政府在南亚次大陆上施行英国计量单位。[①]

1962年，巴基斯坦标准协会受工业部委托，编写关于引入米制度量衡的综合性报告。1967年，巴基斯坦国民议会通过了《度量衡（米制）法（1967）》［*Weights and Measures（Metric System）Act*, 1967］，正式引进国际度量衡系统，促进国内度量衡的统一。该法于1974年修订后，以《度量衡（国际制）法案（1967）》［*Pakistan Weights and Measures（International System）Act*, 1967］的名称予以公示。与此同时，巴政府颁布实施了配套的《度量衡（国际制）条例（1974）》［*Weights and Measures（International System）Rules*, 1974］。

---

① 参考维基百科"巴基斯坦计量体系历史"词条：https://en.wikipedia.org/wiki/History_of_measurem ent_systems_in_Pakistan.

1976年，工业部将度量衡市场监管层面（对度量衡及相关器具的检定、许可）的管理权移交各级省政府。因此，省政府随之颁布了相应的法律法规，以实施法定计量。具体而言，旁遮普省颁布了《旁遮普度量衡（国际制）实施法案（1975）》［*Punjab Weights & Measures（International System）Enforcement Act*, 1975］、《旁遮普度量衡（国际制）实施条例（1976）》［*Punjab Weights & Measures（International System）Enforcement Rules*, 1976］；信德省出台《信德标准度量衡（实施）法案（1975）》［*Sindh Standard Weights & Measures（Enforcement）Act*, 1975］、《信德标准度量衡（实施）条例（1976）》［*Sindh Standard Weights & Measures（Enforcement）Rules*, 1976］；俾路支省实施《俾路支度量衡（国际制）实施法令（1977）》［*Balochistan Weights & Measures（International System）Enforcement Ordinance*, 1977］、《俾路支度量衡（国际制）实施条例（1977）》［*Balochistan Weights & Measures（International System）Enforcement Rules*, 1977］；开伯尔-普赫图赫瓦省（原西北边境省）出台《开伯尔-普赫图赫瓦标准度量衡（实施）法案（1976）》［*Khyber Pakhtunkhwa Standard Weights & Measures（Enforcement）Act*, 1976］、《开伯尔-普赫图赫瓦标准度量衡条例（1976）》（*Khyber Pakhtunkhwa Standard Weights & Measures Rules*, 1976）。①

自此，巴基斯坦建立起了一套以《度量衡（国际制）法案（1967）》为基本法，以若干联邦和地方计量法律法规为配套的国家计量法律法规体系。值得一提的是，目前巴基斯坦尚未建立起包括计量检定系统表、计量检定规程、计量技术规范在内的系统性计量技术法规体系。

2022年1月，巴基斯坦国民议会通过《巴基斯坦国家计量研究所法（2020）》（*National Metrology Institute of Pakistan Act*, 2020）。② 这是自1997年巴基斯坦政府提议制定相关法案之后，时隔20余年正式通过的首部国家计量机构法案。法案规定了将巴基斯坦国家物理与标准实验室重组成为独立的国家计量研究所及国家计量研究所的具体职能职责、组织架构、人员构成和预结算

---

① 注：开伯尔-普赫图赫瓦省，原本为西北边境省，颁布实施了《西北边境省标准度量衡（实施）法案（1976）》（*North-west Frontier Province Standard Weights & Measures（Enforcement）Act*, 1976）和《西北边境省标准度量衡法案（1976）》（*North-west Frontier Province Standard Weights & Measures Rules*, 1976）。2010年3月31日，巴基斯坦宪法修改委员会签署了一项名为"第18修正案"的宪法改革草案，将"西北边境省"正式更名为"开伯尔-普赫图赫瓦省"。后根据2011年《开伯尔-普赫图赫瓦法》（*Khyber Pakhtunkhwa Act*）规定，将该省度量衡法律法规的"西北边境省"更名为"开伯尔-普赫图赫瓦省"。

② 参考巴基斯坦国民议会的网站 http://na.gov.pk/en/bills.php？status＝pass%5D.

管理等。值得一提的是，法案规定，自本法案生效后，《度量衡（国际制）法案（1967）》及依据该法案制定实施的其他配套法律法规予以废止。

三、认可与合格评定相关法律法规

（一）《巴基斯坦国家认可委员会法（2017）》

《巴基斯坦国家认可委员会法（2017）》（*Pakistan National Accreditation Council Act*, 2017）主要对巴基斯坦国家认可委员会的组织架构、职能职责、预结算管理、认可委员会标志的使用前提及使用规范和违规处罚等进行了规定。

（二）《巴基斯坦合格评定条例（2011）》

《巴基斯坦合格评定条例（2011）》（*Pakisiar Conformnity Assesstment Rules*, 2011）是巴基斯坦标准与质量控制局落实规范产品质量和巴基斯坦强制性产品认证工作的指导性文件。该条例主要规定了认证标识许可证的申办流程、认证标志使用规范及证后监管人员、监管程序和违规处罚措施等内容。

（三）《检验机构（注册与管理）法规（1981）》

《检验机构（注册与管理）法规（1981）》［*Inspection Agencies〈Registration and Regulation〉Ordinance*, 1981］是巴基斯坦政府为规范巴基斯坦进出口货物装运前检验工作及相关附属事项而制定的法律条文。该条例主要规定了注册办理部门的组织架构与职权范围、装运前检验机构的注册申请资质要求和违规处罚措施等内容。

（四）《检验机构（注册与管理）条例（1981）》

基于《检验机构（注册与管理）法规（1981）》第 10 节所赋予的管理条例制定权，巴基斯坦商务部于 1982 年 1 月出台《检验机构（注册与管理）条例（1981）》［*The Inspection Agencies〈Registration and Regulation〉Rules*, 1981］。

《检验机构（注册与管理）条例（1981）》进一步明确了检验机构的注册条件和注册申办要求、注册成功后检验机构的具体职责、巴基斯坦标准与质量控制局对检验机构的监管要求、巴基斯坦装运前检验委员会的职责范围等内容。

（五）《巴基斯坦清真管理局法（2016）》

为了促进清真产品和工艺的国内国际贸易、提升相关产品的商业价值，巴基斯坦计划成立巴基斯坦清真管理局，并于 2016 年 3 月出台《巴基斯坦清真管理局法（2016）》，正式确立了巴基斯坦清真管理局的法律地位、职能职责、组织架构和运行机制等内容。

四、市场监管相关法律法规

巴基斯坦未曾出台独立的国家标准化法或质量监管法，而是以颁布《巴基斯坦标准与质量控制局法（1996）》的形式确定巴基斯坦标准与质量控制局的国家标准机构和合格评定主管机构的地位及其监管权力。实际上，巴基斯坦政府质量监管相关的规定散见于《巴基斯坦标准与质量控制局法（1996）》和各行业行政主管部门的相关法律法规文件之中。

在行业领域方面，以渔业为例，巴基斯坦为了规范鱼类和渔业产品的质量，促进鱼类和渔业产品的出口，出台了《巴基斯坦鱼类检验与质量控制法（1997）》。该法案主要规定了鱼类加工厂和出口商的注册、检验委员会的组成和职责、鱼类加工厂的检查、鱼类出口、鱼类和渔业产品的处理、渔业产品的质量评价、渔业官员的职责职能、违规处罚办法等内容。[①]

第四节　巴基斯坦质量基础设施管理机制

一、标准管理机制

（一）标准管理机构历史沿革

1947 年巴基斯坦独立建国后，于 1951 年在工业部下成立巴基斯坦标准协会和中央检测实验室，1975 年又在工业部下设立金属工业研究和发展中心。2000 年 12 月 1 日，依据《巴基斯坦标准与质量控制局法（1996）》，巴基斯坦标准与质量控制局成立。该局由隶属于工业部下的巴基斯坦标准协会、中央检测实验室、金属工业研究和发展中心三部门整合而成，在此基础上分别成立了标准发展中心、质量监控中心和技术服务中心。

巴基斯坦标准与质量控制局是在巴基斯坦科技部的行政管理下设立的国家标准机构和产品质量控制机构。其主要负责制定并推行国家标准，向政府提供标准化政策建议，建立合格评定程序，进行产品质量检测及检验机构注册管理工作，担任 WTO/TBT 国家咨询点，代表巴基斯坦参与国际标准化活动，培养和增强国家标准应用意识等工作。

---

① 参考巴基斯坦法典门户网站 http://pakistancode.gov.pk/english/UY2FqaJw1-apaUY2Fqa-apqaZg%3D%3D-sg-jjjjjjjjjjjj.

（二）机构组织及其职能

巴基斯坦标准与质量控制局总部设在卡拉奇，统管标准发展中心、质量监控中心、技术服务中心三大部门。标准发展中心侧重于围绕标准、检验和认证等领域开展相关国内外工作。标准发展中心下设标准局（Directorate of Standards）、合格评定局（Directorate of Conformity Assessment）、进出口管理局（Directorate of Import & Export）、国际事务与培训局（Directorate of International Affairs and Training）、WTO/TBT 国家咨询点和检验机构注册处（Registration of Inspection Agencies）六大部门。其中，标准局和国际事务与培训局分别负责巴基斯坦国内和国际的标准化工作。

1. 标准局

标准局负责制定国家标准、采用国际标准、协调组织召开各行业国家标准委员会和技术委员会会议。国家标准委员会和各行业技术委员会是巴基斯坦国家标准的制修订主体。《巴基斯坦科技部 2020—2021 财年年报》显示，巴基斯坦标准与质量控制局共设有 12 个国家标准委员会和 144 个行业技术委员会。

2. 国际事务与培训局

国际事务与培训局成立于 2008 年，该部门旨在参与国际标准化组织、国际电工委员会、国际法定计量组织、伊斯兰国家标准与计量研究所、南亚和东南亚地区组织和南亚区域标准组织等区域性和国际性标准化组织活动，开展双边和多边标准化合作工作。此外，该部门还设有国家标准培训中心，开展国内相关人员标准化能力培训工作。

（三）国家标准制修订程序

根据《巴基斯坦标准条例（2008）》的规定，制定巴基斯坦标准的程序分为以下几步：

（1）由利益相关方通过书面形式提交建立巴基斯坦标准提案。

（2）巴基斯坦标准与质量控制局将提案转交国家标准委员会，由国家标准委员会对提案的可行性进行评估。若提案的可行性不足，则将提案退回。

（3）国家标准委员会将可行性高的提案分配给相关技术委员会进行研究论证，为巴基斯坦标准的进一步修订、废除、立项做好前期准备。

（4）由技术委员会制定标准草案及标准征求意见稿，在为期三十天的征求意见期之前将标准征求意见稿发往有关单位征求意见。针对紧急或无异议的提案，经标准委员会批准允许技术委员会在三个月内将标准草案提交国家标准委员会。

（5）技术委员会在收集整理回函意见后自行制定标准草案，或将标准草案转交小组委员会或工作组进行进一步审查与评估。技术委员会在收到小组委员会的评估后进行审查，确定标准送审稿并将其上报给国家标准委员会主席。

（6）国家标准委员会主席在决定期限的二十一天前将标准草案分发给国家标准委员会以征求意见。

（7）国家标准委员会将审核通过的标准草案转发巴基斯坦标准与质量控制局，将审核不通过的标准草案退回技术委员会审查。

（8）如果标准草案退回技术委员会，同样应再次遵循分则（4）和（5）规定的程序，随后提交国家标准委员会推荐，国究标准委员会继续执行分则（7）所示程序。

（9）在收到标准草案后，巴基斯坦标准与质量控制局可批准该标准为巴基斯坦标准，或可将其转交国家标准委员会做进一步的审查。

此外，法规规定，国家标准委员会需根据巴基斯坦标准与质量控制局及其他相关方的提议，至少每隔 5 年对巴基斯坦国家标准进行审查。标准修订程序遵循标准制定程序。

（四）国家标准发展现状

截至 2021 年 6 月底，巴基斯坦标准与质量控制局颁布的综合领域、农产品和食品、汽车、土木工程、化学、电气、电子、可食用清真食品、信息技术和信息通信技术、管理标准体系、机械、纺织、度量衡 13 大领域的国家标准计 23 755 项，其中自主制定国家标准 7 248 项，国际标准采标率约达 69.49%。

1. 按法律效力划分的标准分布情况

从法律效力的角度，巴基斯坦标准划可分为强制性标准和自愿性标准。截至 2019 年 11 月底，巴基斯坦政府颁布强制性认证产品标准计 105 项，在巴基斯坦国家标准总数中占比低于约 1%。①

2. 按行业领域划分的标准分布情况

截至 2018 年 12 月底，巴基斯坦颁布农产品和食品标准 1 297 项、土木工程标准 2 227 项、汽车标准 589 项、化学标准 1 960 项、电气产品标准 3 021 项、电子产品标准 6 028 项、清真产品标准 6 项、信息技术与信息通信标准 14 项、管理体系标准 21 项、机械产品标准 3 657 项、纺织品标准 1 113 项、度量衡标准 392 项。由图 2.2 可知，我们从标准数量的分布情况可以窥见，巴基斯坦国家标准分布集中、直接采标率高且覆盖范围狭窄。其国家标准主要集中于电子电气、化学、机械等主要进口产品，以及纺织品、农产品和食品等主要出

---

① 参考巴基斯坦标准与质量控制局的网站 http://updated.psqca.com.pk/confirmity-assessment-ca/list-of- compulsory-item-to-meet-pakistan-standards/.

口产品上，存在着较为严重的行业标准空白与标准失衡的问题，从中也反映出巴基斯坦第一产业、第二产业和第三产业经济的发展不均衡和部分行业工作的规范性不足。

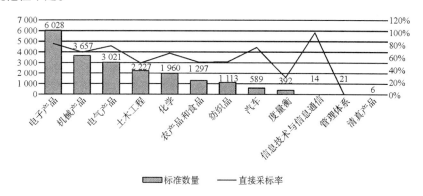

图2.2 巴基斯坦行业标准分布及直接采标情况

二、计量管理机制

（一）计量管理机构历史沿革

《度量衡（米制）法（1967）》公布后，政府规定由巴基斯坦工业部下属部门负责校准、培训及宣传度量衡系统的工作，由巴基斯坦标准协会负责制定国家度量衡标准。1974年，在工业部的行政管理下，独立的度量衡司设立，该司负责管理国家度量衡相关的工作。

1976年，工业部将度量衡司的市场监管权下放各省。1980年6月30日，巴基斯坦政府正式废除度量衡司。该部门技术层面的职能被分配给巴基斯坦标准协会[①]和国家物理与标准实验室。当前，巴基斯坦形成以各省级劳动与福利部门或市场贸易监管部门等行政管理部门为主体，以国家物理与标准实验室、巴基斯坦标准与质量控制局等技术保障组织为支撑的计量管理体系。

（二）计量行政管理体系

作为联邦制国家，巴基斯坦在计量管理工作方面，各省政府具备独立的计量立法和管理权，计量执法也属于各个地方计量管理机构。图2.3为巴基斯坦计量管理体系。各省级部门依据本省的相关度量衡法律法规，设置了相应的度量衡部门，实施计量监管工作。

---

① 2001年，巴基斯坦标准协会被正式纳入巴基斯坦标准与质量控制局后，由巴基斯坦标准与质量控制局接管巴基斯坦标准协会的相关工作。

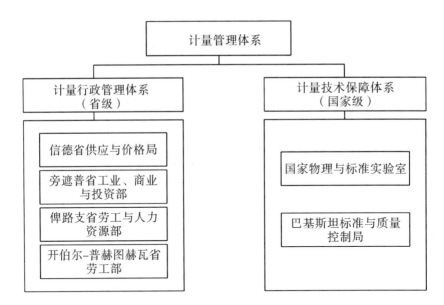

图 2.3　巴基斯坦计量管理体系

根据各省独立的度量衡法律法规规范，各省度量衡行政管理部门的主要职责是：

（1）贯彻实施国家有关计量工作的方针、政策和法律、法规，在不与国家计量法规相抵触的前提下，制定和实施省级计量法律法规。

（2）维护本省工作标准，定期核定工作标准与二级标准之间的准确性，确保省内计量单位制和量值的统一。

（3）颁发计量器具制造许可证、计量器具修理许可证及计量器具经销许可证，并对各持证单位进行注册登记管理。

（4）由检验员对商用度量衡进行检定和再检定（Verification and Re-verification）工作，并加盖检定印章。

（5）组织辖区内各类计量人员参加由国家物理与标准实验室等机构举办的培训教育活动。

（6）规范市场计量行为，开展检验和起诉工作。具体而言，由省计量监督员对所有商用计量器具实行监督管理。计量官员或所授权的计量检验员，根据计量法规，有权在商店营业时间内出示证件后，进入任何商店，对店内使用的计量器具进行检验，并根据检查结果签发停用、扣留查封或拆除的通知，计量官员有权对违反计量法规人员处以罚款或提请拘留。

值得一提的是，巴基斯坦各省法定计量监管部门缺乏专业计量工作人员及完整的计量立法体系，导致其国内计量行政管理体系运作系统处于功能失调状态。①

（三）计量技术保障体系

1980 年度量衡司被废除后，巴基斯坦标准与质量控制局（原巴基斯坦标准协会）、国家物理与标准实验室接管了巴基斯坦计量技术保障工作。

1. 巴基斯坦国家物理与标准实验室

巴基斯坦国家物理与标准实验室是巴基斯坦的国家计量机构。1974 年，巴基斯坦国家物理与标准实验室在巴基斯坦科学与工业研究理事会的一个开发项目下成形。1980 年，由美国国际发展署提供援助资金、美国商务部国家标准局提供技术指导，正式在巴基斯坦科学与工业研究理事会下组织成立巴基斯坦国家物理与标准实验室，实验室于 1983 年起独立开展计量校准工作。②

（1）职能目标。

1980 年，巴基斯坦度量衡部废除后，由国家物理与标准实验室接手维护参考标准和二级标准，以及对省政府检验员的工作标准进行年审或检验工作。③ 当前，国家物理与标准实验室主要职能范围为：

①理解计量基准标准；

②开展量值传递服务，维护和传递二级标准和工作标准，以保证全国量值准确统一；

③提供与物理和化学计量相关的检测、校准和测量服务；

④建立、维护和提供完整的国际计量溯源链至国际计量大会，开展计量基准、标准的国际比对，确保与国际量值的一致性；

⑤支持工业和研发机构工作；

⑥与区域和国际计量组织建立强有力的协调关系和紧密联系；

⑦提供量身定制的培训课程、参与计量促进商业贸易的各项活动。④

（2）组织架构。

巴基斯坦国家物理与标准实验室设立于伊斯兰堡，由物理计量处（Physical

① Trade Related Technical Assistance Project（TRTA II）. Optimizing Quality Infrastructure：Options for Pakistan- Insights and Experiences from Malaysia［J］. Turkey and Vietnam, 2013：14.

② H. Steffen Reiser, Theodore M. Manakas, Penelope M. Odar. NBS/AID/PCSIR Survey on Standardization and Measurement Services in Pakistan［R］. National Bureau of Standards U. S. Department of Commerce, 1980.

③ Pakistane Conomist. Dr. M. Asad Hasan：Hierarchy of Metrology in Pakistan［EB/OL］.（2003-07-13）［2023-05-30］.http：//ww w.pakistaneconomist.com/issue2003/issue27/etc6. php.

④ 参考巴基斯坦国家物理与标准实验室的网站 http：//nmip.gov.pk/AboutNPSL.aspx.

Metrology Division)、化学计量处（Chemical Metrology Division）和质量管理办公室（Quality Management Office）组成。机构组织结构如图2.4所示。

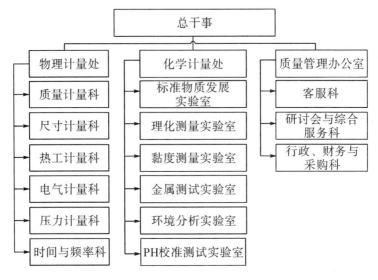

图2.4 巴基斯坦国家物理与标准实验室组织结构

2. 巴基斯坦标准与质量控制局

自1980年巴基斯坦政府正式废除度量衡司后，巴基斯坦标准与质量控制局（原巴基斯坦标准协会）接手负责制定国家度量衡标准；与国际计量局、国际法定计量组织进行协调；组织省政府相关工作人员及其他组织的度量衡培训工作；协调省政府在各组织实施度量衡制度；开展度量衡相关宣传工作。[①]

目前，巴基斯坦标准与质量控制局仍保留着制定国家度量衡标准、联络国际计量组织活动的权利。

（1）在国家度量衡标准的制定方面，由巴基斯坦标准与质量控制局制定或直接采用的度量衡标准计392项。其中，自主制定国家度量衡标准284项，另采用ISO标准96项、国际法定计量组织标准12项。

（2）在对外联络方面，巴基斯坦标准与质量控制局既是国际法定计量组织成员，也是伊斯兰国家标准与计量机构（SMIIC）的组织成员。[②] 目前，巴基斯坦标准与质量控制局是SMIIC的11个技术委员会的积极成员和3个技术

---

① Pakistane Conomist. Dr. M. Asad Hasan：Hierarchy of Metrology in Pakistan[EB/OL]. (2003-07-13)[2023-05-30]. http://www.pa kistaneconomist.com/issuc2003/issue27/etc6. php.

② 参考巴基斯坦标准与质量控制局的网站 http://updated.psqca.com.pk/about-us/global-affili-ation/.

委员会的观察成员。①

三、认可与合格评定管理机制

（一）认可机构管理机制

巴基斯坦国家认可委员会成立于 1998 年，是隶属于巴基斯坦科技部的国家认可机构，统一负责对检测、校准和医疗实验室，检验机构，认证机构和清真认证机构等相关机构的认可工作。

目前，巴基斯坦国家认可委员会主要提供以下 8 方面认可服务：检测和校准实验室的认可（ISO/IEC 17025）、医学实验室的认可（ISO 15189）、认证机构的认可（ISO/IEC 17021）、清真认证机构的认可（PS 4992）、检验检测机构的认可（ISO/IEC 17020）、能力验证提供者的认可（ISO/IEC 17043）、产品认证机构的认可（ISO/IEC 17065）、人员认证机构的认可（ISO/IEC17024）。

巴基斯坦国家认可委员会的认可流程如图 2.5 所示，具体实施步骤如下：

（1）申请。申请人提交一份完整的申请表、质量手册、质量和技术标准作业程序、协议和费用。无论申请是否接受，PNAC 将进行文件评估审查。申请费是 20 000 巴基斯坦卢比（不可退还）。

（2）预评估。巴基斯坦国家认可委员会将在现场对文件进行初步审查（现场差距分析），并组织召开反馈会议。预评估费用是 30 000 巴基斯坦卢比（不含税），记录、住宿、差旅费及其他费用由申请的实验室承担。

（3）全面评估。评估小组（包括主任评估员和技术专家）将对一个实验室的正常范围进行为期四个工作日的初步评估。最低评估费用为 120 000 巴基斯坦卢比（不含税），费用取决于申请范围。记录、住宿、差旅费及其他费用由申请的实验室承担。

（4）纠正措施。如果评估小组指出申请实验室需采取纠正措施，实验室必须采取纠正措施，关闭所有不符合项以后才能授予认可。除非评估小组另有规定，否则纠正措施应包括客观证据的副本，如校准证书、实验室程序和培训记录，表明已经实施和完成纠正措施。

（5）审核流程。评估小组向相关评审员提出建议，评审员彻底审查案件，并向总干事（DG）建议授予认可。

（6）获得认可。巴基斯坦国家认可委员会总干事拥有决策权，经总干事批准后，准备认可证书并发送给申请机构，申请机构获得认可证书、认可标志

---

① 参考伊斯兰国家标准与计量研究所的网站 https://www.smiic.org/en/members.

和认可范围。

（7）监督检查。每年进行一次以确保申请机构持续符合标准要求。

（8）重新评审。每三年进行一次。①

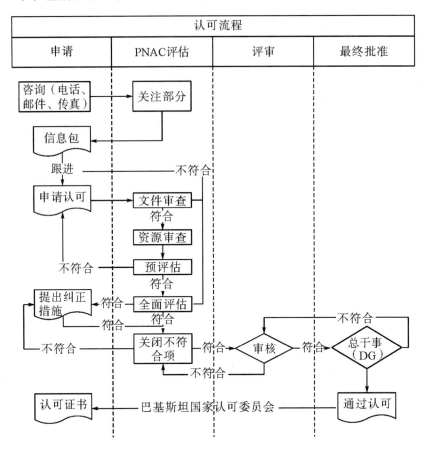

图 2.5　巴基斯坦国家认可委员会的认可流程

（二）合格评定机构管理机制

根据 GB/T 27000—2006《合格评定词汇和通用原则》，"合格评定"是指与产品、过程、体系、人员或机构有关的规定、要求得到满足的证实；"合格评定机构"即从事合格评定服务的机构，包括检测、检验和认证机构。

---

① 参考巴基斯坦国家认可委员会的网站 http://pnac.org.pk/accreditation-process/.

1. 认证机构

认证是指与产品、过程、体系或人员有关的第三方证明，适用于除合格评定机构自身外的所有合格评定对象。按强制程度认证又可以分为强制性认证与自愿性认证。以下主要梳理巴基斯坦强制性产品认证机构的管理机制和认证申办流程。

（1）强制性产品认证机构。

巴基斯坦标准与质量控制局合格评定局是巴基斯坦强制性产品认证机构，通过实施认证标志许可证计划（Certification Marks License Scheme）开展强制性产品认证业务。各产品制造商在申请获得产品的认证合格证书后，有权使用认证标志，以证明产品质量合格。凡列入强制性产品认证目录的产品，没有获得合格评定办事处的认证证书，没有按规定加施认证标志（见图2.6），一律不得进口、不得出厂销售和在经营服务场所使用。

图 2.6　巴基斯坦认证标志

值得一提的是，巴基斯坦合格评定局共受理5类合格评定证书，即面向本土制造商的强制性产品认证标志许可证、面向本土制造商的自愿性产品认证标志许可证、面向外国制造商的外国制造产品认证标志许可证、私人强制性产品进口托运清关合格评定报告、私人产品出口托运清关自愿性合格评定证书。①

（2）强制性认证产品类别。

《进口政策法令（2022）》附录N中列出了强制性认证产品标准题录159项（见表2.3），相关产品在入境前，必须取得由巴基斯坦标准与质量控制局出具的认证证书。

表 2.3　进口阶段强制性认证产品清单

序号	海关编码（PCT code）	标准题录	标准编码 PSS#/IEC
1	0401.1000、 0401.20000、 401.4000、 0401.5000	包装液态奶	5344

---

① 参考巴基斯坦标准与质量控制局的网站 http://updated.psqca.com.pk/confirmity-assessment-ca/.

表2.3(续)

序号	海关编码（PCT code）	标准题录	标准编码 PSS#/IEC
2	0402.1000、0402.2100、0402.2900	奶粉	363
3	0402.2900、2106.9090	粉茶/咖啡增白剂	5384
4	0402.9100、0402.9900	炼乳	364
5	0402.9900、2106.9090	液态茶/咖啡增白剂	5383
6	0402.2900	调味牛奶	3189
7	0405.1000	黄油	1831
8	0409.0000	天然蜂蜜	1934
9	0901.1 100、0901.1200、0901.2100、0901.2200、0901.9000	咖啡及其配制品	763
10	0902.3000、0902.4010、0902.4020、0902.4090	红茶	493
11	0904.2210	红辣椒（粉）	1742
12	0910.3000	姜黄粉	1820
13	0910.9100	咖喱粉（两种或两种以上香料的混合物）	1741
14	1101.0010	强化小麦粉	4872
15	1507.9000	精制大豆油	1563
16	1509.1000、1509.9000	橄榄油、初榨橄榄油、精炼橄榄油和精炼橄榄渣油	5159
17	1511.9020	RBD 棕榈油	1561
18	1511.9030	精制棕榈油	1600
19	1517.9000、1516.2020	食用油（混合）	2858
20	1512.1900	精制葵花籽油	1564
21	1512.2900	精制棉籽油	21
22	1513.1900	精制椰子油	99
23	1514.1900	精制芥末油	25
24	1515.1900	精制玉米油	1562
25	1516.2010、1516.2020	植物脂肪和氢化油	221
26	1517.1000、1517.9000	人造黄油	1653

表2.3(续)

序号	海关编码（PCT code）	标准题录	标准编码 PSS#/IEC
27	1701.9910、1701.9920	白色结晶化学纯糖	1822
28	1901.1000	适合婴幼儿食用的食品制剂	1688
29	1905.3100、1905.9000	饼干（威化饼除外）	383
30	1905.3200	威化饼	614
31	2001.9010	泡菜	520
32	2007.1000、2007.9100、2007.9900	果酱（水果蜜饯）和果冻	2096
33	2007.1000、2007.9100、2007.9900	果酱	514
34	2009.1100、 2009.1200、 2009.1900、 2009.2100、 2009.2900、 2009.3100、 2009.3900、 2009.4100、 2009.4900、 2009.5000、 2009.6100、 2009.6900、 2009.7100、 2009.7900、 2009.8100、 2009.8900、2009.9000	果汁和花蜜	4973
35	2009.1100、2009.1200、2009.1900	橙汁	1738
36	2009.1100、 2009.1900、 2009.2900、 2009.3900、 2009.4900、 2009.6900、 2009.7900、2009.8100、2009.8900	浓缩果汁	527
37	2009.7100	苹果汁	1739
38	2103.9000	蛋黄酱	3947
39	2106.9020	带肉果蔬汁	506
40	2201.1010	矿泉水	2102
41	2201.1020	瓶装饮用水	4639
42	2201.1020、 2202.1010、 2202.1090、 2202.9900	碳酸饮料	1654
43	2209.0000	合成醋（代替醋酸制得的醋）	3602
44	2309.9000	补充农场生产的饲料配制品	234
45	2309.9000、2922.4100、2930.4000	家禽饲料	233
46	2501.0010	加碘盐	1669

表2.3(续)

序号	海关编码（PCT code）	标准题录	标准编码 PSS#/IEC
47	2523.2100、2523.2900、2523.9000	高炉矿渣不超过65%的高炉波特兰水泥	1631
48	2523.2100、2523.2900	抗硫酸盐波特兰水泥	612
49	2523.2100	白色波特兰水泥	1630
50	2523.2900	砌筑水泥	5314
51	2523.2900	波特兰水泥（白水泥除外）	232
52	2710.1951、2710.1952、2710.1953	内燃机润滑油	343
53	3102.1000	尿素	217
54	3102.2100	硫酸铵（肥料）	36
55	3103.1100	重过磷酸钙	216
56	3103.1900	过磷酸钙	67
57	3103.1900	有机磷肥	5295
58	3104.3000	硫酸钾肥料	1501
59	3105.3000	磷酸氢二铵	3517
60	3208.1090	通用调和漆	402
61	3208.1090、3208.2090、3208.9019、3208.9090、3209.1090、3209.9090、3210.0090	室内用搪瓷漆	617
62	3208.1090、3208.2090、3208.9019、3208.9090、3209.1090、3209.9090、3210.0090	室外用搪瓷漆	616
63	3208.1090、3208.2090、3208.9090、3209.1090、3209.9090、3210.0090	车用油漆	396
64	3304.9110、3304.9120、3304.9190	护肤粉	3973
65	3304.9910	护肤霜	3288
66	3305.1000	洗发水（不包括婴儿洗发水）	3509
67	3105.2000、3105.5100、3105.5900、3105.6000、3105.9000	综合肥料	933
68	3105.9000	生物肥料	5330

序号	海关编码（PCT code）	标准题录	标准编码 PSS#/IEC
69	3305.9010	发乳	4751
70	3305.9020	染发粉	4079
71	3305.9020	染发膏	5250
72	3306.1010	牙膏	1721
73	3307.1000	剃须膏	3508
74	3401.1100	卫生间用肥皂	13
75	3402.2000、3402.9000	洗衣粉	4986
76	3824.4000	混凝土化学外加剂	4883
77	3917.2100、3917.3100、3917.3200、3917.3300、3917.3900、3917.4000	气体燃料供应用聚乙烯管	3452
78	3917.2100、3917.3100、3917.3200、3917.3300、3917.3900、3917.4000	供水用聚乙烯管	3580
79	3917.2200、3917.3100、3917.3200、3917.3300、3917.3990、3917.4000	供水用聚丙烯管	4533
80	3917.2200、3917.3100、3917.3200、3917.3300、3917.3990、3917.4000	聚丙烯管	4534
81	3917.2390	饮用冷水用聚氯乙烯压力管	3051
82	3921.1300、9404.2900	家用床垫用软质聚氨酯泡沫塑料	3087
83	3925.1000、3925.9000	聚乙烯储罐	4279
84	4011.1000	乘用车轮胎和轮辋第一部分：轮胎	4000-1
85	4011.2011、4011.2019、4011.2091、4011.2099	卡车和公交车轮胎和轮辋（公制系列）第一部分：轮胎	4209-1
86	4011.4000、8714.1020	①橡胶充气摩托车轮胎②摩托车车轮轮辋	4249-1
87	4011.5000	自行车用橡胶轮胎	687
88	4015.1100	一次性使用无菌橡胶手术手套	4397

表2.3(续)

序号	海关编码（PCT code）	标准题录	标准编码 PSS#/IEC
89	6305.3300	聚丙烯编织层压密封底阀口水泥包装袋	4877
90	6305.3300	食品包装和运输用聚丙烯编织袋	3128
91	6305.3900	包装化肥用聚丙烯编织袋	2958
92	7206.1000、7207.1110、7207.1210、7207.1920、7207.2020、7224.1000、7224.9000	制造钢筋（混凝土加固用）的钢坯	2337
93	7213.1010、7213.1090、7213.9110、7213.9191、7213.9199、7213.9910、7213.9990、7214.1010、7214.1090、7214.2010、7214.2090、7214.9110、7214.9190、7214.9910、7214.9990、7215.5010、7215.5090、7215.9010、7215.9090	非合金钢棒材	1612
94	7213.1010、7213.1090、7213.2090、7213.9110、7213.9191、7213.9199、7213.9910、7213.9990、7214.1010、7214.1090、7214.2010、7214.2090、7214.9110、7214.9190、7214.9910、7214.9990、7215.5010、7215.5090、7215.9010、7215.9090	碳钢棒材	1879
95	7213.1010、7213.1090、7213.2090、7213.9110、7213.9191、7213.9199、7213.9910、7213.9990、7214.1010、7214.1090、7214.2010、7214.2090、7214.9110、7214.9190、7214.9910、7214.9990、7215.5010、7215.5090、7215.9010、7215.9090	低碳钢筋	231
96	7213.2010、7213.2090、7214.3010、7214.3090、7215.1010、7215.1090	热处理钢、合金钢和易切削钢	683-4
97	7213.1090、7213.2090、7213.9191、7213.9199、7213.9990、7214.1090、7214.2090、7214.3090、7214.9190、7214.9990、7215.1090、7215.5090、7215.9090、7217.1000、7217.3090、7217.9000、7227.9010、7227.9090	盘条	16124

序号	海关编码（PCT code）	标准题录	标准编码 PSS#/IEC
98	7219.1100、 7219.1200、 7219.1300、 7219.1400、 7219.2100、 7219.2200、 7219.2310、 7219.2390、 7219.2410、 7219.2490、 7219.3100、 7219.3210、 7219.3290、 7219.3310、 7219.3390、 7219.3410、 7219.3490、 7219.3510、 7219.3590、 7219.9010、 7219.9090、 7220.1100、 7220.1210、 7220.1290、 7220.2010、 7220.2090、 7220.9010、 7229.9090	通用不锈钢第一部分：耐腐蚀扁平产品	16143
99	7308.1000、 7308.2000、 7308.3000、 7308.4000、 7308.9010、 7308.9020、 7308.9090	碳素结构钢型材、板材、棒材	4798
100	、7208.1010、7208.1090、7208.2510、 7208.2590、 7208.2610、 7208.2690、 7208.2710、 7208.2790、 7208.3610、 7208.3690、 7208.3710、 7208.3790、 7208.3810、 7208.3890、 7208.3910、 7208.3990、 7208.4010、 7208.4090、 7208.5110、 7208.5190、 7208.5210、 7208.5290、 7208.5310、 7208.5390、 7208.5410、 1208.5490	商用和拉伸质量的热轧碳钢板	3573
101	7209.1510、 7209.1590、 7209.1610、 7209.1690、 7209.1710、 7209.1790、 7209.1810、 7209.1891、 7209.1899、 7209.2510、 7209.2590、 7209.2610、 7209.2690、 7209.2710、 7209.2790、 7209.2810、 7209.2890	商用和拉伸质量的冷还原碳钢板	3574
102	7321.1190	煤气灶具	1560
103	7321.1190	太阳能灶-箱式：要求	PS：5325 & IS：13429-1
		太阳能灶-箱式：组件	PS：5326 & IS：13429-2
104	7321.1111、7321.1119	煤气灶具	4857
105	7321.1111、 7321.1119、 7321.1190、 7321.8100、8419.1110、8419.1190	非电动燃气家用器具	4860
106	7321.8100	燃气房间加热器-通风型	4859
107	7321.8100	燃气辐射室内加热器（不通风和半通风型）	3656

表2.3(续)

序号	海关编码（PCT code）	标准题录	标准编码 PSS#/IEC
108	7324.9000	卫生水龙头	4846
109	7616.9910	铝和铝合金-铸件	3522
110	8007.0090、7210.1210、7210.1290	装酥油、banaspati 酥油、烹饪油和食用油的马口铁容器	4773
111	8212.1000、8212.2000	单双刃塑料包边一次性剃须刀	2002
112	8212.2000	安全刀片（双刃）	219
113	8407.3110、 8407.3190、 8407.3210、 8407.3290、 8407.3310、 8407.3390、 8407.3400	往复式内燃机	1806
114	8413.7090	光伏水泵系统：设计质量和性能测量	IEC：62253
115	8415.1021、 8415.1029、 8415.1091、 8415.1099	多台分体式空调和空气对空气热泵	5327
		非管道式空调与加热泵	5151
116	8419.1110、8419.1190	燃气热水器	4858
117	8419.1910、8419.1990	家用太阳能热水系统	PS：ISO：9459-1& 2
		基于 JIS 4111 的住宅用太阳能热水器	5160
		基于 JIS 4113 的太阳能蓄水池	5160
		太阳能热水器-吸收器、连接管和配件用弹性材料	PS：ISO 9808
		太阳集热器检测方法-第一部分：无玻璃盖板带压降的液体集热器热性能	PS：ISO 9806-1
		太阳能热水系统及组件：工厂制作系统	PS：ISO 4355
		太阳能热水系统及组件：集热器	PS：ISO 4356
		太阳能-热水系统	PS：ISO 10217/2013

表2.3(续)

序号	海关编码（PCT code）	标准题录	标准编码 PSS#/IEC
118	8501.3110、8501.3210	离网家用太阳能系统/太阳能套件	IEC/TS：62257-9-5
119	8501.4090、 8501.5290、 8501.5310、8501.5390	感应电动机	60034 Part I to IV
120	8503.0010、8503.0020、8503.0090	适用于太阳能光伏发电装置的电子设备和部件	IEC 62013
121	8504.1000	放电灯和灯管用镇流器	497
122	8504.1000	荧光灯电子镇流器	4640
123	8504.4010	不间断供电系统	62040-1
			62040-2
			62040-3
			62040-4
			62040-5-3
124	8504.4090	太阳能光伏逆变器	IEC：62109-1
			IEC：62109-2
			IEC 61683
		太阳能光伏并网系统用电力转换设备	IEC 62116
			IEC 61727
		转换器检测设备	UL：1741 / IEEE：1547 仅适用于 IEC 60068-2 的适用检测
125	8507.1010	启动活塞式发动机用铅酸蓄电池：摩托车用	4082
126	8507.2000、8507.6000	便携式二次锂电池和电池	61960-3
127	8507.1010	启动活塞式发动机用铅酸蓄电池：汽车用	206-1
128	8516.4000	家用或类似用途电熨斗	185

表2.3(续)

序号	海关编码（PCT code）	标准题录	标准编码 PSS#/IEC
129	8516.5010、8516.5090	家用微波炉	5254
130	8516.7100	家用和类似用途的电水壶和电水罐	253
131	8516.7200	电烤面包机	661
132	8518.2100、8518.2200	音响系统设备：扬声器	60268-5
133	8518.3000	音响系统设备：耳机	60268-7
134	8528.7211	LCD 电视、等离子电视和 LED 电视（尺寸：24 英寸至 42 英寸）	5422
135	8536.2010、8536.2020、8536.2090	家用和类似用途固定式电气装置的开关	60669-1
		家用和类似用途固定式电气装置的电子开关	60669-2-1
136	8536.6910、8536.6990	插头和插座	60906-1
		家用和类似用途的插头插座	60884-1
		家用和类似用途的插头和插座	60884-2-1
		家用和类似用途的插头和插座	60884-2-2
		家用和类似用途的插头和插座：固定式无联锁带开关插座	60884-2-3
		家用和类似用途的插头和插座：安全特低电压（SELV）插头插座	60884-2-4
		家用和类似用途的插头和插座：固定式有联锁带开关插座	60884-2-6
137	8536.6910、8536.6990	家用和类似用途的插头和插座：适配器	60884-2-5

表2.3(续)

序号	海关编码（PCT code）	标准题录	标准编码 PSS#/IEC
138	8536.6910、8536.6990	家用和类似用途的插头和插座：延长线设置	60884-2-7
139	8538.9090	带盖的太阳能电池板接线盒	IEC 61439 IEC60947-3
140	8539.3110、 8539.3120、 8539.3190、8539.3210、 8539.3220、 8539.3290、8539.3900	自镇流紧凑型荧光灯	60968 & 60969
141	8539.3120、 8539.3190、 8539.3220、8539.3290	管形荧光灯	292
142	8539.5010、8539.5020	普通照明用自镇流LED灯	5252
143	8541.4000	太阳能光伏组件	IEC：61730-1
		太阳能光伏组件-晶体型	IEC：61730-2
			IEC：61215-1
		太阳能光伏组件-薄膜碲化镉基光伏	IEC：61215
		太阳能光伏组件-非晶硅薄膜	IEC：61730-1
			IEC：61730-2
			IEC：61215-1
		太阳能光伏组件-薄膜（In, GA based）	IEC：61730-1
			IEC：61730-2
		系统性能测试用光伏测试设备	PS：IEC：61724
			PS：IEC：62782
			PS：5289
			PS：5290
			PS：5291
			PS：5293
			IEC：61701
		聚光光伏	PS：IEC：62670
		太阳能光伏独立系统（包括交流或直流离网系统）	IEC/TS：62257-9-5

表2.3(续)

序号	海关编码（PCT code）	标准题录	标准编码 PSS#/IEC
144	8544.2000	同轴通信电缆	61196-1-100
			61196-1-101
			61196-1-102
145	8544.4990	额定电压450/750V及以下聚氯乙烯绝缘导线	60227
146	8544.6090	光伏系统用电缆	IEC：62930
147	8450.1110、8450.1190、8450.1210、8450.1290、8450.1911、8450.1919、8450.1991、8450.1999、8450.2010、8450.2090	家用洗衣机	60456
148	8703.2115	三轮汽车	4708
149	8711.1090、8711.2090、8711.3020、8711.3090、8711.4090、8711.5090、8711.6090、8711.9090	两轮汽车（摩托车、电动摩托车、摩托自行车、小型摩托车）	4707
150	9003.1100、9003.1900	眼镜架（与处方镜片配合使用）	12870
151	9022.1400、9022.3000	医用诊断X射线设备	61267
152	9028.3000	电表	62052-11 & 62053-11
153	9030.1000	医用电气设备：放射治疗用带电离室的剂量计	60731
154	9032.8990	光伏系统用蓄电池充电控制器	IEC：62509
		光伏发电系统的系统平衡元部件	IEC：62093
		低压开关设备和控制设备组件	IEC：61439-1
			IEC：60947-3
		光伏发电系统用功率转换器	IEC：62109-1& 2
155	9405.1030、9405.4020	普通照明用LED模组：一般照明用LED模组的性能要求（安全规范）	5253

表2.3(续)

序号	海关编码（PCT code）	标准题录	标准编码 PSS#/IEC
156	9508.9000	机动游戏机和游乐设备的安全	17842-1
			17842-2
			17842-3
157	9603.4000	油漆刷（50至100mm宽）	ASTM D5068-04
158	9613.1000、9613.2000	打火机（香烟打火机、雪茄打火机和烟斗打火机）	9994-2005（修订）
159	1511.9010	棕榈油硬脂	5380

（3）强制性产品认证办理流程。

巴基斯坦对强制性产品的认证办理流程（归纳版）如图2.7所示，具体实施步骤如下：

①申请：认证证书申请者填写专用申请书并向工厂厂房法定所在地的合格评定局总部或地方办事处交纳申请费。

②确认：合格评定局确认接收申请。经详细审查，如果申请手续完备，巴基斯坦标准与质量控制局则将申请记录在案，并分配给申请者一个申请号，表示申请成立。审查和登记工作在2个工作日内完成。

③初次检查：合格评定局编制检查计划表，并将申请表的复印件或检查计划发送给申请工厂。在初步检查期间，检查员应：a. 检验应用程序中的术语。b. 检验物品或工艺相关质量测试的实验室设备。c. 如果存在实验室设备，核查常规试验和检查的测试记录。在没有测试设备的情况下，检查其他可用于控制产品质量的设备。d. 对产品原材料、生产过程和最终加工阶段进行质量检查。e. 在样品测试上，如果在工厂内开展质量控制技术检查工作，工厂内样品测试时间为1至2个工作日。f. 在独立实验室对随机抽取的原材料、中间产品、半成品和成品样品进行检测时，测试时间不多于7个工作日。如果发现申请者产品质量控制过程不合格，则由合格评定局责令依照指南进行技术改进。

初次检验时，检验官员还会与申请者管理层就认证后执行证书必须履行的测试检验方案进行探讨，测试检验方案对必须施行的生产过程控制有明确规定。

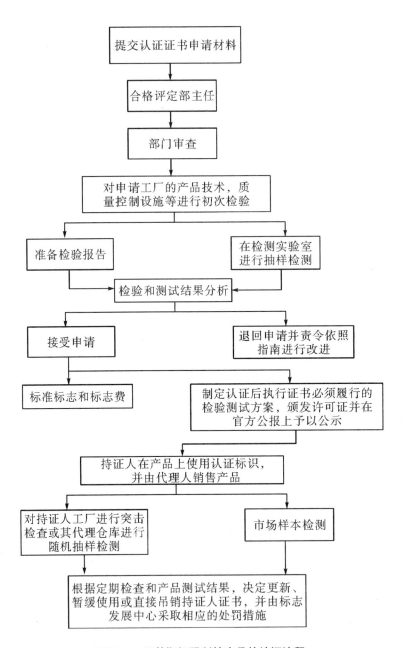

图 2.7　巴基斯坦强制性产品的认证流程

（资料来源：参考巴基斯坦标准与质量控制局的网站 http://mail.psqca.
com.pk/marking_of_products.）

④一般抽样程序（若未指定）：随机抽检样品应包括三套，第一套盖有检验员印章的样品应交由制造单位保管，第二套盖有检验员印章的样品应按照检验员要求由制造单位送给独立实验室进行检验，第三套盖有制造商和检验员印章的样品作为存在争议时使用的参考样品，由标准发展中心保管。

⑤实验室测试：实验室应根据合格评定局编制的检验表对样品进行试验，并在规定日期内提供型式试验报告。标准发展中心保留一份试验报告副本，并将一份报告发送给制造商以供参考，如果样品不符合巴基斯坦相关标准要求，则应纠正。实验室应在通知标准发展中心的情况下，将测试费用清单发送给相关制造商，制造商向实验室支付必要的测试费用。

⑥颁发证书：如果初次检验及样品测试结果满足条件，由合格评定局局长于 30 个工作日内批准颁发证书给申请者。制造单位取得许可证后，应正确使用认证标志。

⑦证后监督：无论是在公开市场上销售还是在工厂内制造的产品，合格评定局将对每个获得许可证的产品进行至少两次定期检查，从销售市场、货仓或其他地方随机抽取样品进行检查，以持续监督检查产品的质量。

合格评定局根据定期检查和产品测试结果，决定是更新、暂缓使用还是直接吊销持证人证书。在许可证审查和更新上，执证人须每年支付 5 000 卢比的许可费和一定的标志费。任何违法使用标志行为，可处监禁一年或/和罚款 5 万卢比。①

2. 检测机构

据巴基斯坦国家认可委员会官网数据，截至 2022 年 8 月底，仍在认可有效期内的检测和校准实验室计 229 家。以下主要选取巴基斯坦科技部下的官方检测机构进行简要概述。

（1）巴基斯坦标准与质量控制局质量控制中心。

质量控制中心（Quality Control Center）的前身是中央检测实验室。该中心在卡拉奇、拉合尔、费萨拉巴德和奎达设有分支机构，② 对内对外提供食品、电子产品、汽车、动物饲料、纺织、建材、化妆品、肥料和化学品等多个领域的质量检测服务。③

---

① 参考巴基斯坦国家认可委员会的网站 https://www.pnac.gov.pk/TestingCalibrationLaboratoies.

② 参考巴基斯坦标准与质量控制局的网站 https://psqca.gov.pk/quality-control-center/structure-of-qcc/.

③ 参考巴基斯坦标准与质量控制局的网站 https://psqca.gov.pk/quality-control-center/qcc-testing-capabilities/.

2014 年 7 月，质量控制中心卡拉奇总部微生物实验室、建材检测实验室、糖类检测实验室、油脂检测实验室和水质检测实验室取得巴基斯坦国家认可委员会的认可资质，认可有效期至 2017 年 7 月。① 2021 年 7 月，巴基斯坦国家认可委员会披露，质量控制中心相关检测机构在认可资格被撤销后仍存在违规经营行为，遂撤销了巴基斯坦标准与质量控制局中还处于认可有效期内的食品检测实验室的认可资格和暂停了技术服务中心的认可资格。② 随后，巴基斯坦标准与质量控制局不得不向科技部申请 1 620 万卢比的专项资金，用于支持各检测检验机构重新获得巴基斯坦国家认可委员会的认可。③

（2）巴基斯坦科学与工业研究理事会。

巴基斯坦科学与工业研究理事会成立于 1953 年，总部位于伊斯兰堡。巴基斯坦科学与工业研究理事会现有研发实验室 7 所、研究中心 2 家、学术与培训中心 6 所、出版和信息中心 1 所，各实验室和研究中心分布于伊斯兰堡、卡拉奇、拉合尔、白沙瓦、奎达、海得拉巴达和斯卡都等地，负责向公共和私营部门提供食品、制药、纺织、化工、家电和工程等领域的检测分析服务。

据巴基斯坦国家认可委员会官网数据，截至 2022 年 8 月底，巴基斯坦科学与工业研究理事会共有 10 家检测与校准实验室取得认可资质。

3. 检验机构

经巴基斯坦国家认可委员会认可且在认可有效期内的检验机构计 14 家。④

值得一提的是，巴基斯坦标准与质量控制局标准发展中心也开展进出口货物装运前检验机构的注册与管理工作。根据《检验机构（注册与管理）条例（1981）》的规定，巴基斯坦标准与质量控制局出台了《巴基斯坦标准与质量控制局检验机构注册计划（2013）》（*PSQCA Inspection Agency Registration Scheme*, 2013）。该计划明确了检验机构的注册标准、注册流程、注册后监管、注册检验

---

① 参考巴基斯坦标准与质量控制局的网站 https://psqca.gov.pk/quality-control-center/accreditation-certificates/.

② 南亚标准研究暨成都技术贸易措施. 巴基斯坦标准与质量控制局多家检测检验机构的认可资格被撤销或暂停［EB/OL］.（2021 - 07 - 16）［2023 - 05 - 21］. http://mp.weixin.qq.com/s? __biz = MzI2MTM1MTU4Mw = = &mid = 2247489196&idx = 2&sn = 745e5d925c92f67ec8c9c6ccec984b20&chksm = ea5ae75cdd2d6 e4aa74be305eba3d936fc9ef30890374e9a906376ddbfa729d5d2139ec4a2e2#rd。

③ 南亚标准研究暨成都技术贸易措施. 巴基斯坦标准与质量控制局各检测检验机构计划重新申请获得认可资格［EB/OL］.（2021 - 07 - 30）［2023 - 05 - 21］. https://mp.weixin.qq.com/s? __biz = MzI2MTM1MTU4Mw = = &mid = 2247489250&idx = 2&sn = b68f3c146751239284928c3f765861c8&chksm = ea5ae712dd2d6e04239179b6dbfcf3561ce96863191b49cb7d39ba57562ba52386ac8c08ab6a&token = 829664639&lang=zh_CN#rd。

④ 参考巴基斯坦国家认可委员会的网站 https://www.pnac.gov.pk/InspectionBodies.

扩项、注册续期、检验资格暂停、注册期满和检验资格撤销等事项。[①] 2015 年，巴基斯坦标准与质量控制局根据国际标准 ISO/IEC 17020：2012 指南、土地法和其他组织可持续性要求对注册标准做了调整，并通过与世界各国国家标准机构签署谅解备忘录的形式，促成注册检验机构的检验证书得到国际社会所认可。[②]

巴基斯坦检验机构注册与管理流程（归纳版）如图 2.8 所示，具体实施步骤如下：

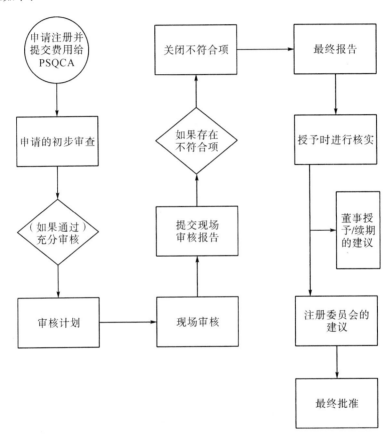

图 2.8　巴基斯坦标准与质量控制局检验机构注册流程

---

① 参考巴基斯坦标准与质量控制局的网站 http://updated.psqca.com.pk/registration-of-inspection
-agen cies/guidance-document/.

② 参考巴基斯坦标准与质量控制局的网站 http://updated.psqca.com.pk/registration-of-inspection
-agen cies/.

（1）检验机构填写申请表，并进行自我评估，以验证是否符合所有要求。

（2）检验机构申请人提交完整的注册申请，支付费用，并提供所有必要的证明文件。

（3）评估员联系检验机构，讨论现场评估的进度安排，并可能要求提供任何其他的质量文件。一旦审查了文件的完整性，评估员就可以安排评估，如有任何不足，巴基斯坦标准与质量控制局可要求提供补充信息或拒绝申请，并以书面形式给出理由。

（4）进行评估或预评估，包括：首次会议，审查质量文件，采访技术人员，检查样品处理/示范，检查设备和校准记录，书写评估报告，末次会议。审核员现场评估产生的差旅费、记录等其他费用由申请机构负责。

（5）检验机构采取纠正措施对不符合项进行纠正。

（6）巴基斯坦标准与质量控制局对采取的纠正措施进行审查，审查通过后，提交给检验机构注册委员会。

（7）在检验机构收到赞成票，关闭不符合项并支付所有费用后，准予注册。

（8）巴基斯坦标准与质量控制局局长做出最终决定。

（9）监督检查，所有认可的检验机构每年至少接受一次巴基斯坦标准与质量控制局的监督检查，以评估和验证其质量管理体系（包括实验室）在任何指定日期的实施和维护状态。任何检验机构不得推迟监督检查，如有其他原因需推迟检查，检验机构可能会收到巴基斯坦标准与质量控制局的突击检查。

（10）扩项，即任何认可的检验机构可向巴基斯坦标准与质量控制局提出书面申请扩项，如需对质量手册进行更改，还应提交一份修订版的质量手册。巴基斯坦标准与质量控制局对扩项申请进行审核，以评估是否需要进行现场审查。

（11）续期注册，授予认可的注册机构将自动在通知规定的有效期结束时到期。巴基斯坦标准与质量控制局将在有效期届满前几个月向认可的检验机构发出续期通知。申请机构也应在注册期届满前至少5个月向系统认证中心理事会提交续期申请及费用，并提交一份副本给巴基斯坦标准与质量控制局，控制局在进行评估后决定是否组织现场审核。

（12）暂停，即如果收到投诉或任何其他信息表明机构不遵守或不符合注册标准/技术能力/完整性，巴基斯坦标准与质量控制局可自行决定暂停注册机构。若机构对此表示不满，可向巴基斯坦标准与质量控制局局长提出上诉，并提供上诉文件，总干事对此事做出最终决定。

（13）过期和撤销注册，即检验机构的注册期限应在注册通知规定的有效期结束时自动失效；如果主管机构未同意续期，检验机构的注册也将失效；在证书有效期内，机构申请撤销的，须向相关机构提供撤销原因。[1]

（三）其他行业认可与合格评定机构

1. 电子认证认可委员会

电子认证认可委员会（Electronic Certification Accredita-tion Council，ECAC）于2004年成立，隶属于巴基斯坦信息技术和电信部（Ministry of Information Technology & Telecom）。电子认证认可委员会重点致力于实施《电子交易条例》，为实现"数字巴基斯坦"发挥积极作用。其主要职能为：向认证服务供应商的密码服务和安全程序授予和更新认可证书；监督和确保经认可的认证服务供应商遵守其认可条款，并以规章规定的方式和理由撤销或暂停认可；建立和管理存储库；监督经认可的认证服务供应商遵守《电子交易条例》的规定；进行与密码服务有关的研究，获得与此相关的公众意见；承认或认可外国认证服务供应商；鼓励标准和实践统一；就《电子交易条例》所涵盖的任何事项向其他人和有关当局提供建议。[2]

（1）申请认可流程。

审查网站上提供的法律文件；提交完整的申请表；付款；电子认证认可委员会对文件进行评审；电子认证认可委员会根据认证服务供应商认可规章对符合要求的企业授予认可。[3]

认可证书自颁发之日起一年内有效，认证服务供应商可在认可证书有效期届满前60日，以规定的形式和方式提出认可续期申请。

（2）暂停和撤销证书。

对于获得认可后的认证服务供应商不遵守《认证服务供应商认可条例》，不遵守委员会审计条例或连续三个月以上不及时提交审计报告，提供错误资料给有关当局，违反或未遵守其认证实践声明规定程序，泄露数字证书、密钥等情况，电子认证认可委员会有权暂停其认可证书。获得认可后的认证服务供应商未按照规定的形式在规定期限内申请续期；违反《认证服务供应商认可条例》，隐瞒可能影响其业务开展和操作等重要事实向顾客提供密码服务业务；对委员会的整改建议未采取纠正措施，电子认证认可委员会有权撤销其认可证书。

---

[1] 参考巴基斯坦标准与质量控制局的网站 http://updated.psqca.com.pk/registration-of-inspection-agen cies/guidance-document/.

[2] 参考巴基斯坦电子认证认可委员会的网站 https://www.ecac.org.pk/.

[3] 参考巴基斯坦电子认证认可委员会的网站 https://www.ecac.org.pk/apply.

（3）检查权和监管权。

《认证服务供应商认可条例》及其他相关法律规定，电子认证认可委员会有权检查任何人、团体或实体保管的所有文件，在现场检查前，至少提前 5 天以挂号信形式向该人、团体或实体（依实际情况而定）的注册地址发出书面通知。电子认证认可委员会可寻求当地警方协助行使此检查权力。电子认证认可委员会有权以书面形式将检查权委托给其任何雇员、成员或委员会。

在认可证书有效期内，电子认证认可委员会或监管委员会（电子认证认可委员会临时成立的监管委员会）有权参考认证服务供应商认证实践声明和附表标准（电子认证认可委员会采用的标准），对其服务和运作进行监督和评估。电子认证认可委员会或监管委员会具有以下权利：在认为必要的情况下进入设备系统；收集证据并提取评估所需的日志、数据及其他信息；获得认证服务供应商的投诉记录及其采取的纠正措施；检查设备的安全性能；检查设备操作人员级别，包括设备是否配备足够的技术人员。

2. 巴基斯坦电信管理局

巴基斯坦电信管理局（Pakistan Telecommunication Authority，PTA）于 1997年根据《巴基斯坦电信重组法（1996）》成立，负责规范电信系统的建立、运行和维护及提供电信服务，具体职责包括牌照发放、运营商监管、频谱管理、终端设备认证等。

2017 年 12 月，巴基斯坦电信管理局宣布实施新的《型式许可技术标准条例（2017）》，要求包括移动设备在内的各类终端设备均需在满足条例所载各项技术标准的前提下，向巴基斯坦电信管理局提交型式认证（又称 PTA 认证）申请，并获得由管理局签发的型式许可证书后方可进入市场。此后，巴基斯坦政府又在 2018 年 12 月、2019 年 4 月和 2021 年 9 月进行了修订，最终形成《型式许可技术标准条例（2021）》。条例规定了终端设备参照标准、型式许可认证申请程序、申请材料、处理流程、认证费用、证书签发和撤销等程序、型式许可登记要求和终端设备标识规范等内容。

（1）PTA 认证申请流程。

巴基斯坦电信管理局在收到申请人提交的申请材料和样品后进行初步评估，并向申请人分配申请号，以便日后识别通信和申请书。当申请材料不完整时，申请人需在 7 个工作日内重新提交申请材料。具体认证流程如图 2.9所示。

（2）申请资料清单。

申请人提供的型式认证申请应包括以下信息（见表 2.4）。

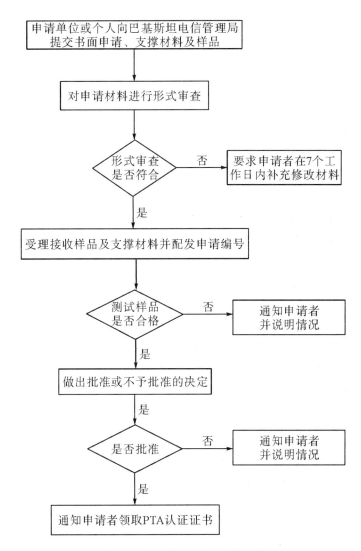

图 2.9　巴基斯坦 PTA 认证流程

表 2.4　巴基斯坦 PTA 认证申请资料清单

资料	要求
移动设备型式许可申请表	强制
申请费	强制
移动设备型式许可承诺书	强制

表2.4(续)

资料	要求
样品（1台）及需求检测的配件	强制
如果是新公司，则需提供国家税号（NTN）、巴基斯坦证券交易委员会（SECP）、地方政府和公司简介等相关信息。本土企业、经济实体需提供国家税号及巴基斯坦证券交易委员会、地方政府、注册登记处等详细注册信息；外国企业需提供公司注册证明等详细信息	强制
由制造商提供的反映终端设备射频（RF）、安全、比吸收率（SAR）、电磁兼容（EMC）、电磁干扰（EMI）等标准的符合性声明（Declaration of Conformity）	强制
由全球移动通信系统协会（GSMA）授权使用的型号核准号码（TAC）证书的详细信息	强制
制造商承诺，型式许可设备仅用于批量生产消费，所有本地应用设备安装不支持内置加密功能（巴基斯坦电信管理局保留在必要时将相关设备信息转发给相关政府机构部门进行评估和许可的权利）	强制
制造商承诺确保用户数据的安全性和隐私性	强制
技术数据表和设备技术说明，如输出功率、工作频率、范围等	强制
系统测试和检查，如操作系统、固件等	根据巴基斯坦电信管理局的要求决定
符合性声明中所涉标准的检测报告	巴基斯坦电信管理局保留必要时将检测报告发送给发证实验室/原始设备制造商/制造商进行验证的权利

四、市场监管机制

从内容上看，一般意义上的市场监管特指市场主体进入监管（登记注册授予经营主体资格）、市场交易与竞争行为监管，以及涉及这两类市场的市场客体的监管等。① 由此可见，市场监管的范围之广、领域之多。以下本书仅就巴基斯坦产品质量监管机构和部分行业监管机构进行简要分析。

（一）市场监管机构

1. 产品质量监管机构

巴基斯坦标准与质量控制局是巴基斯坦产品质量监管的首要机构。其监管范围包括对强制性认证产品的监管、进出口货物装运前检验机构注册监管和入境产品质量监管。

2. 其他行业监管机构

（1）国家食品安全与研究部。

国家食品安全与研究部（Ministry of National Food Security & Research）成立于 2011 年 10 月，主管制定国家食品安全政策，协调省级政府食品安全政策，监管进出口食品与农产品安全等事务，是巴基斯坦中央食品监管核心部门。此外，巴基斯坦标准与质量控制局、巴基斯坦海关也共同参与食品安全监管工作。巴基斯坦各省政府食品监管部门主要负责所属行政区域内的食品安全监管工作。国家食品安全研究部负责统筹协调省级政府食品安全监管政策。②

（2）国家能效保护局。

2016 年，根据《国家能效保护法》，国家节能中心正式重组并更名为国家能效保护局（National Energy Efficiency & Conservation Authority），隶属于巴基斯坦水电部。国家能效保护局是启动、促进、执行和协调所有经济部门实施节能计划的唯一联邦机构。其监管职责包括建立调查、监督、监测、检查和审计等监管制度；制定《巴基斯坦建筑能源规范》；向国家能效保护委员会提交制定国家能效标准的建议，经国家标准机构批准后，确保相关能效标准的实施；负责对节能问题进行询问或调查（自愿或投诉）；任命相关人员对企业、工厂、建筑物、设施等进行能效审查，并提出纠正建议和措施。

（3）巴基斯坦药品监督管理局。

2012 年，巴基斯坦药品监督管理局（Drug Regulatory Authority of Pakistan）根据《巴基斯坦药品监督管理局法案（2012）》成立。管理局负责有效协调和执行《药物法（1976）》规定的对治疗药物的管理、制造、进出口、存储、分销和销售等各个环节的监管工作，以确保巴基斯坦国民得以在可承受的价格范围内，获得安全、优质和有效的医疗产品。③

---

① 肖兴志，宋晶. 政府监管理论与政策［M］. 大连：东北财经大学出版社，2006.
② 参考巴基斯坦国家食品安全与研究部的网站 http://www.mnfsr.gov.pk/frmDetails.aspx.
③ 参考巴基斯坦药品监督管理局的网站 http://www.dra.gov.pk/Home/CEO.

巴基斯坦药品监督管理局总部设在伊斯兰堡，在卡拉奇、白沙瓦、拉合尔、奎达设立了地区办公室。巴基斯坦药品监督管理局内设 13 大管理司，其中质量保证和实验室检测司（Quality Assurance and Laboratory Testing Division）除了负责实施法规规定的药品生产质量管理规范（Good Manufacturing Practices）、药品的检测或研究工作及与之相关的其他职能外，还享有医药产品的上市后市场监督职能，及注册药物和非活性物质的安全性、有效性和质量的评估、协调与监测等。[①]

（二）市场监管方式

巴基斯坦对市场主体的进入监管以行政许可为主。行政许可是指行政主体应行政相对方的请求，通过许可证、执照等形式，依法赋予行政相关方从事某种活动的法律资格或实施某种行为的法律权利的行政行为。

此外，强制性产品认证生产企业进行生产经营活动还需通过巴基斯坦标准与质量控制局的认证监督。巴基斯坦标准与质量控制局依据相关产品认证准则，负责从工厂获取认证产品的样本，并根据实验室检测结果符合相关标准要求与否，来决定是否颁发产品认证证书，并对获证机构进行证后监督，以保证获证机构具有持续生产符合认证要求产品的能力。

针对市场交易产品，巴基斯坦标准与质量控制局主要采取产品抽查和日常监督检查等监管方式。以强制性产品认证监管为例，一方面，巴基斯坦标准与质量控制局对可能危及人体健康和人身财产安全的产品、影响国计民生的重要工业产品，以及消费者和有关部门反映有质量问题的产品进行抽查，对工厂、市场等流通领域的产品进行抽检，监督产品质量；另一方面，巴基斯坦标准与质量控制局也会定期开展日常监督检查工作，对获证产品进行经常性的质量监管。

第五节　巴基斯坦质量基础设施实践活动

一、标准领域实践活动情况

（一）国内实践活动

巴基斯坦标准与质量控制局积极践行的国家质量政策中，有关培养质量文化、增强质量意识和加强人力资源能力建设的行动规划是重点。近年来，巴基

---

① 参考巴基斯坦药品监督管理局的网站 http://www.dra.gov.pk/Home/QualityAssurance.

斯坦通过组织开展与标准相关的宣传贯彻培训课程、推动高等院校设立标准学科、设置标准相关赛事与奖项等方式，增强国民标准化意识。

1. 组织开展与标准相关的培训活动

巴基斯坦标准与质量控制局主要以国内近期制定的或国际通行的管理体系标准为主题，组织开展相关研讨会和培训课程，以宣传贯彻国内国际质量管理体系发展动向，促进国内企业管理与国际接轨。表 2.5 是近年来巴基斯坦标准与质量控制局在国内组织开展的与标准相关的活动情况。

表 2.5　巴基斯坦标准与质量控制局开展的与标准相关的活动情况

类别	活动内容
研讨会	清真食品管理体系（PS 3733：2016）
	食品安全管理体系（ISO 22000：2005）
	能源管理体系（ISO 50001：2011）
	环境管理体系认证（ISO 14001：2015）
	质量管理体系（ISO 9001：2015）
	信息安全管理体系（ISO/IEC 27001：2013）
	水足迹管理体系（ISO 14046）
	碳足迹认证（ISO 14064-1）
	社会责任指南（ISO 26000：2010）
	风险管理——原则与指南（ISO31000：2009）
	道路交通安全管理体系（ISO 39001：2012）
培训	测量管理体系（ISO 10012：2003）
	职业健康安全管理体系（ISO 45001）
	过程改进中的定量法——六西格玛（ISO 13053-1：2011）
	信息技术服务管理体系（ISO/IEC 2000-1：2011）
	用属性检验的抽样程序. 第 10 部分：介绍属性检验的抽样程序用（ISO 2859-10：2006）
	合格评定——机构认证的产品、过程和服务的要求（ISO/IEC 17065）

（资料来源：参考巴基斯坦标准与质量控制局的网站 http://updated.psqca.com.pk/ia-tr/events/.）

2. 推动高校标准化学科建设

在高等院校设立标准化学科、开设标准化相关课程，是培养标准化人才的有效手段，也是确保巴基斯坦质量基础设施的可持续发展、增强巴基斯坦在国际标准化舞台上话语权的有力保障。当前，巴基斯坦标准与质量控制局已经与其国内23所高校签署了合作备忘录（见表2.6），就标准化教育与人才培训开展合作工作。

表2.6　与巴基斯坦标准与质量控制局签署合作协议的高校名单

序号	大学名称
1	国立科技大学 （National University of Science and Technology，NUST）
2	拉斯贝拉农业、水利和海洋科学大学 （Lasbela University of Agriculture，Water and Marine Science）
3	俾路支省工程技术大学 （Balochistan University of Engineering & Technology）
4	沙哈·阿卜杜·拉蒂夫大学（Shah Abdul Latif University）
5	信德省伊斯兰大学（Sindh Madressatual Islam University）
6	卡拉奇大学（University of Karachi）
7	通信卫星信息技术研究所 （Comsats Institute of Information Technology）
8	联邦乌尔都文理工大学 （Federal Urdu University of Arts Science and Technology）
9	德哈·萨法大学（Dha Suffa University）
10	哈姆达德大学（Hamdard University）
11	皮尔·迈哈尔·阿里·沙赫·艾瑞德农业大学 （Pir Mehar Ali Shah Arid Agriculture University）
12	首都科技大学（Capital University of Science and Technology）
13	俾路支大学（University of Balochistan）
14	内德工程技术大学 （Ned University of Engineering & Technology）
15	真纳信德医科大学（Jinnah Sindh Medical University，JSMU）
16	迈赫兰工程技术大学 （Mehran University of Engineering & Technology）
17	信德大学（University of Sindh）
18	国立现代语言大学（National University of Modern Language）
19	政府学院大学（拉合尔）（Government College University）
20	旁遮普大学（University of Punjub）
21	国立纺织大学（National Textile University）

序号	大学名称
22	白沙瓦大学（University of Peshawar）
23	政府学院大学（费萨拉巴德）（Government College University）

（资料来源：参考巴基斯坦标准与质量控制局的网站 http://psqca.com.pk/NEP/Lis t%20of%20Signed%2 0MoUs%20%20with%20logo.pdf.）

3. 设置与标准相关的赛事与奖项

自 2012 年以来，巴基斯坦标准与质量控制局每年在庆祝世界标准日期间，举行大学生标准化论文大赛，并对优秀作品给予一定的奖励。巴基斯坦标准与质量控制局历届标准化论文大赛主题如表 2.7 所示。

表 2.7　巴基斯坦标准与质量控制局历届标准化论文大赛主题

时间	主题
2017 年	标准创造智慧城市（Standards Make Cities Smarter）
2016 年	标准立信（Standards Build Trust）
2015 年	标准，世界的通用语言 （Standards, The World's Common Language）
2014 年	标准创造公平竞争环境（Standards level the playing field）
2013 年	国际标准带来积极改变 （International Standards Ensure Positive Change）
2012 年	标准提高效率–更少的浪费，更好的结果 （Less waste, Better results – Standards increase Efficiency）

（二）国际实践活动

除了国内标准化管理外，巴基斯坦标准与质量控制局还积极参与国际及区域标准化活动，并与多国标准、认证机构签署合作协议。

1. 参与国际标准化活动情况

巴基斯坦于 1950 年加入 ISO。截至 2022 年 8 月底，巴基斯坦标准与质量控制局以积极成员身份参与的技术委员会/分委员会（TC/SC）计 31 个；以观察员身份参与的委员会数量达 166 个；以积极成员身份和观察员参与的政策制定委员会（PDC）数量分别为 2 个和 1 个。[①]

巴基斯坦也是 IEC 的正式成员。截至 2022 年 8 月底，巴基斯坦标准与质

---

① 参考 ISO 的网站 https://www.iso.org/member/2017. html。

量控制局以积极成员的身份参与的技术委员会/分委员会 31 个、以观察员的身份参与的技术委员会/分委员会计 43 个。[①]

2. 参与区域标准化活动情况

巴基斯坦标准与质量控制局是伊斯兰国家标准与计量研究所，南亚区域标准组织，区域标准化、合格评定、认可与计量研究所（Regional Institute for Standardization, Conformity Assessment, Accreditation and Metrology）成员。

巴基斯坦标准与质量控制局代表被提名于 2022—2024 年担任伊斯兰国家标准与计量研究所董事会成员。此外，巴基斯坦标准与质量控制局还是皮革和鞣制材料技术委员会（TC-8）和纺织品及相关产品技术委员（TC-9）的秘书处，以积极成员的身份参与的技术委员会 12 个、以观察员的身份参与的技术委员会计 3 个。

此外，巴基斯坦标准与质量控制局在南亚区域标准组织中，担任技术管理委员会主席；电气、电子、电信和 IT 部门技术委员会、化学和化工产品部门技术委员会的主席。[②] 自 2016 年以来，巴基斯坦标准与质量控制局已组织开展了 4 次南亚区域标准组织相关讲习班和部门技术委员会会议。近年来巴基斯坦标准与质量控制局组织开展南亚区域标准组织活动情况如表 2.8 所示。

表 2.8　巴基斯坦标准与质量控制局组织开展南亚区域标准组织活动情况

时间	地点	事件
2016.03.01	卡拉奇	关于理解区域标准化活动及 SARSO 在加强区域贸易合作重要性的国际讲习班
2017.07.25	卡拉奇	举办电气、电子、电信和 IT 部门技术委员会第二次会议
2018.03.26	拉合尔	举办化学和化工产品部门技术委员会第三次会议
2018.03.28	拉合尔	组织食品和农产品部门技术委员会第八次会议

（资料来源：参考巴基斯坦标准与质量控制局的网站 http://updated.psqca.com.pk/ia-tr /events/.）

3. 双边标准化组织合作情况

巴基斯坦标准与质量控制局已与中国、美国、孟加拉国、白俄罗斯、印度、伊朗、约旦、毛里求斯、沙特阿拉伯、土耳其、也门，总计 11 个国家的

[①]　参考 IEC 的网站 https://www.iec.ch/national-committees.

[②]　参考巴基斯坦标准与质量控制局的网站 http://updated.psqca.com.pk/ia-tr/achievements/.

12大标准化组织签署了合作备忘录（见表2.9）。① 总体而言，巴基斯坦对国际、区域及双边标准化活动保持着积极参与的态度。

表2.9　与巴基斯坦标准与质量控制局签署合作备忘录的标准组织

序号	国家	组织
1	中国	国家标准化管理委员会
2	美国	美国国家标准协会（ANSI）
3	美国	美国测试与材料协会（ASTM）
4	孟加拉国	孟加拉标准与测试学会（BSTI）
5	白俄罗斯	白俄罗斯共和国标准化委员会（Gosstandart）
6	印度	印度标准局（BIS）
7	伊朗	伊朗标准与产业研究所（ISIRI）
8	约旦	约旦标准与计量组织（JSMO）
9	毛里求斯	毛里求斯标准局（MSB）
10	沙特阿拉伯	沙特标准、计量和质量组织（SASO）
11	土耳其	土耳其标准协会（TSE）
12	也门	也门规范、标准化和质量控制局（YSMO）

二、计量领域实践活动情况

（一）国内实践活动

1. 提供实验室能力比对验证服务

2014年，由欧盟资助的贸易相关技术援助项目组与国家物理与标准实验室合作，正式启动国家实验室能力验证（Proficiency Testing）项目。检测和校准实验室定期参加实验室能力验证或实验室间比对（Inter Laboratory Comparisons）活动，是确保检测方法的有效性、技术人员能力、设备准确性及与国际要求相符的重要保证。因此，这一项目建设也是科技部加强巴基斯坦优质基础

---

① 参考巴基斯坦标准与质量控制局的网站 http://updated.psqca.com.pk/ia-tr/mou/baijiahao. baidu.com/s？id=1724813103810889563&wfr=spider&for=pc.

设施努力的一部分。①

2016 年，国家物理与标准实验室正式取得巴基斯坦国家认可委员会的能力验证提供者认可资质，②并组织开展能力验证计划活动。

2. 提供校准与咨询服务

在实验室设备校准方面，截至 2013 年年底，国家物理与标准实验室为各类实验室提供了 55 种国际认可的现场校准（on-site calibrations）服务，校准设备类型达 120 余种，相关校准服务使得工业成本降低了约 80%。③ 2014 年至 2015 年度，国家物理与标准实验校准设备计 2 070 台。④

此外，国家物理与标准实验室还为省级政府部门及巴控克什米尔地区提供计量相关的咨询服务。譬如，2014 年，国家物理与标准实验室质量计量科分别向自由克什米尔首府穆扎法拉巴德（Muzaffarabad）、米尔普尔（Mirpur）等地区建立的一所移动实验室、三所质量控制实验室和三所度量衡实验室提供咨询服务。⑤

3. 开展研发活动

国家物理与标准实验室主要开展理化、黏度、环保等化学领域研究和物理校准等设备的研发工作。以 2014 年为例，是年国家物理与标准实验室对工业燃煤微量金属含量对环境影响、钢铁制品表面化学发蓝、过期粘度标准油、城市污水处理、煤中硫脱除等方面进行了研究（见表 2.10），并研发出自动秒表和非接触式数字转速表的校准器。

---

① TRTA Pakistan. National Proficiency Testing services launched throughout Pakistan with the support of TRTA II Programme. （2004-01-29）. http://trtapakistan.org/national-proficiency-testing-services-launched-throughout-pakistan-with-the-support-of-trta-ii-programme/.

② 参考巴基斯坦国家认可委员会的网站 https://www.pnac.gov.pk/pdfFiles/PTP-2_22_04_2021.pdf.

③ Martin Kellermann. Pakistan QI Toolkit Case Studies: International Bank for Reconstruction and Development [R]. The World Bank and Physikalisch-Technische Bundesanstalt（PTB），2019：194.

④ Pakistan Council of Scientific and Industrial Research. Annual Report 2014-15 [R]. http://pcsir.gov.pk/ uploads/1471355899_Annual%20Report%202014-15. pdf.

⑤ Pakistan Council of Scientific and Industrial Research. Annual Report 2014-15 [R]. http://pcsir.gov.pk/ uploads/1471355899_Annual%20Report%202014-15. pdf.

表 2.10　2014 年巴基斯坦国家标准与物理实验室研发活动一览

类别	主要内容
研究报告	工业煤燃烧过程中微量金属含量及其对环境影响评价研究
	基于经济成本和耐用性考量的钢铁制品表面化学发蓝比较研究
	过期粘度标准油研究
	伊斯兰堡城市污水处理厂的工作效率监测及解决方案研究
	微生物和化学方法脱除煤中硫的技术研发
研发设备	自动秒表校准器
	基于微控制器的主时钟
	非接触式数字转速表校准器
	使用本地原材料制造去除有毒物质的净水器

（资料来源：Pakistan Council of Scientific and Industrial Research. Annual Report 2014-15［R］. http://pcsir.gov.pk/ uploads/1471355899_Annual%20Report%202014-15. pdf.）

4. 组织开展培训工作

国家物理与标准实验室主要面向省级政府计量管理部门及社会组织，提供计量领域、检测和校准实验室能力建设等方面的培训服务。譬如，2014 年，国家物理与标准实验室向来自开伯尔-普什图省白沙瓦劳工部的 9 名检查员提供质量计量领域的培训；2019 年 3 月，面向卡拉奇海军精密电子综合实验室开展了压力计量领域的技术培训。

（二）国际实践活动

1. 参与国际计量局活动

巴基斯坦国家物理与标准实验室同国际计量局保持着紧密的联系。2011 年 7 月，双方签署了《各国计量基（标）准互认和各国计量院签发的校准与测量证书互认协议》（CIPM MRA 协议）。互认协议的签署使国家物理与标准实验室对巴基斯坦技术和计量基础设施基础的健全起着至关重要的作用。国际计量局数据库（BIPM data base）显示，巴基斯坦参与的国际或双边关键比对项目计 16 项。

2. 参与亚太地区计量合作组织活动

巴基斯坦是亚太地区计量合作组织的创始成员之一。自 1980 年以来，国家物理与标准实验室在该区域组织中一直享有正式成员地位。[①] 国家物理与标

---

① 参考亚太地区计量合作组织的网站 http://www.apmpweb.org/about/members.php.

准实验室通过定期参与亚太区域内实验室间比对和实验室能力验证项目，确保巴基斯坦国家测量标准的国际溯源性，并与亚太地区各国的国家计量机构保持常态化合作关系。

3. 参与南亚区域标准组织活动

在南亚区域标准组织成立前，德国经济合作发展部（German Ministry for Economic Cooperation and Development）资助了南盟与德国联邦物理技术研究院（PTB）合作项目，即 SAARC-PTB 项目。项目旨在促进南亚各国的质量基础体系合作，推动南亚区域质量基础设施的一体化发展。自南亚区域标准组织成立后，由其与德国国家计量研究所在南亚区域合作联盟（简称"南盟"）合作框架下开展项目合作工作。SAARC-PTB 项目已进入第 3 阶段。该阶段的主要目标为：通过区域合作与分工，持续改善贸易和需求导向型质量基础设施服务。具体包括增强南亚区域标准组织在南盟区域内的质量基础协调作用；在南亚区域内开展需求导向型的跨境计量、认可合作工作，扩大区域内计量合作领域和巩固区域内认可领域的合作成果；通过区域、次区域讲习班，培训协调会议和咨询访问等方式，增强南亚政府和私营部门的质量基础意识。[1]

巴基斯坦国家物理与标准实验室作为巴基斯坦国家计量机构积极参与 SAARC-PTB 项目框架下开展的各项计量合作活动。譬如，2012 年至 2016 年，南亚区域标准组织秘书处每年均组织召开区域计量合作协调会议（SAARC-PTB Coordination Meeting on Regional Cooperation in Metrology），为南亚各国和区域计量更新提供信息交流与评议平台，建立计量领域的审查、调整和更新协调机制。[2] 包括巴基斯坦国家物理与标准实验室在内的各南亚国家计量机构代表出席会议。又如，参加计量法发展最佳实践讲习班（Workshop on Best Practices in Metrology Law development），交流和分享有关法定计量的发展信息、增进对国际计量法的了解。

---

① 参考南亚区域合作联盟的网站 "Project Profile: South Asian Association for Regional Cooperation (SAARC) - PTB Project," https://sarso.portal.gov.bd/sites/default/files/files/sarso.portal.gov.bd/page/c0030cf7_0478_4700_bdb2_3ecc77ef57f3/Project%20Profile,%20SAARC-PTB%20Project%20(Third%20Phase)%20(1).pdf.

② 参考南亚区域合作联盟的网站 http://www.sarso.org.bd/site/page/a40e34fb-1562-4b89-b18e-3d 5bd0d6562c.

三、认可与合格评定领域实践活动情况

（一）国内实践活动情况

1. 认可与质量培训

巴基斯坦国家认可委员会面向合格评定机构设置了国家和国际标准相关培训课程。[①] 详情见表 2.11~表 2.14。

表 2.11　实验室认可领域培训课程及内容

培训课程	培训对象	课程内容
基于ISO/IEC 17025 要求的评估课程	实验室专家	实验室认可简介，ISO/IEC 17025：2005 概述
		国际认可度
		认可标准及其解释
		质量管理体系要求
		实验室技术要求
		认可机构的运行及管理
		巴基斯坦国家认可委员会认可流程
		评估技术
		评估员技能
		交流
		撰写报告
		巴基斯坦国家认可委员会政策
		练习
		笔试

---

① 参考巴基斯坦国家认可委员会的网站 http://pnac.gov.pk/Training.

表2.11(续)

培训课程	培训对象	课程内容
对 ISO/IEC 17025 的认识和实施	实验室人员和新入职员工	实验室认可简介，ISO/IEC 17025：2005 概述
		国际认可度
		认可标准及其解释
		质量管理体系要求
		实验室技术要求
		质量体系的开发、记录和实施
		内部审查
		方法选择和确认
		员工的选择、培训和监督
		设备管理和校准
		测量不确定度
		检测记录和报告
		认可机构的运行及管理
		巴基斯坦国家认可委员会认可流程
		练习、作业和讨论
检测和校准实验室可追溯性和测量不确定度	需要评估其测试结果不确定性的分析师以及负责测试实验室技术管理的分析师	述评可追溯性和测量不确定度的基本概念、一般理解和要求
		基于确认的测量不确定度评估
		巴基斯坦国家认可委员会可追溯性政策
		不确定度的含义以及 ISO/IEC 17025 中不确定度要求的概述
		测量不确定度的估算
		根据 GUM 和 EURACHEM 建议原则测量不确定度的评估
		使用各种已确定方法估计不确定性的实例和实践练习

表2.11(续)

培训课程	培训对象	课程内容
方法确认	实验室人员，使其了解分析方法确认的概念和实施	评述确认的基本概念、一般理解和要求
		巴基斯坦国家认可委员会方法确认的政策
		性能特征：术语
		确认分析方法的系统方法
		确认的实际案例
		相互讨论
质量保证（能力验证/内部实验室比对）	实验室人员，使其了解内部和外部质量保证的概念和实施	评述质量保证的基本概念、一般理解和要求
		巴基斯坦国家认可委员会能力验证的政策
		使用质量工具（控制图）
		相互讨论

表2.12 医学实验室认可领域培训课程及内容

培训课程	培训对象	课程内容
基于ISO 15189要求的评估课程	实验室专家	实验室认可简介，ISO 15189：2012概述
		国际认可度
		认可标准及其解释
		质量管理体系要求
		实验室技术要求
		认可机构的运行及管理
		巴基斯坦国家认可委员会认可流程
		评估技术
		评估员技能和沟通
		撰写报告
		巴基斯坦国家认可委员会政策
		练习
		笔试

培训课程	培训对象	课程内容
对 ISO 15189 的认识和实施	实验室人员和新入职员工	实验室认可简介，ISO 15189：2012 概述
		国际认可度
		认可标准及其解释
		质量管理体系要求
		实验室技术要求
		质量体系的开发、记录和实施
		内部审查
		方法选择和确认
		员工的选择、培训和监督
		设备管理和校准
		测量不确定度
		检测记录和报告
		认可机构的运行及管理
		巴基斯坦国家认可委员会认可流程
		练习、作业和讨论

表 2.13　检验机构认可领域培训课程及内容

培训课程	培训对象	课程内容
基于 ISO/IEC 17020 的评估课程	实验室专家	实验室认可简介，ISO/IEC 17020：2012 概述
		国际认可度
		认可标准及其解释
		质量管理体系要求
		实验室技术要求
		认可机构的运行及管理
		巴基斯坦国家认可委员会认可流程
		评估技术
		评估员技能和沟通
		撰写报告
		巴基斯坦国家认可委员会政策
		练习
		笔试

表2. 13(续)

培训课程	培训对象	课程内容
基于 ISO/IEC 17020 检验机构管理课程	实验室人员和新入职员工	实验室认可简介，ISO/IEC 17020：2012 概述
		国际认可度
		质量体系的开发、记录和实施
		认可机构的运行及管理
		巴基斯坦国家认可委员会认可流程
		内部审查
		检验员的选择、培训和监督
		设备管理和校准
		检验报告和证书
		练习、作业和讨论

表 2.14 人员认证机构认可领域培训课程及内容

培训课程	培训对象	课程内容
基于 ISO/IEC 17020 的评估课程	专业和贸易人员（如审计员、焊工和电工等）	人员认证机构认可简介，ISO/IEC 17024 概述
		国际认可度
		巴基斯坦国家认可委员会认可流程
		评估技术
		评估员技能
		撰写报告
		巴基斯坦国家认可委员会政策
		练习
		书面笔试

2. 认可活动和研讨会

巴基斯坦国家认可委员会在每年 6 月 9 日的世界认可日开展主题活动。譬如，2019 年 6 月，巴基斯坦国家认可委员会举办"认可：促进供应链提升价值"主题会议，巴基斯坦科技部部长、秘书长，巴基斯坦国家认可委员会总干事及相关组织的负责人出席。①

巴基斯坦国家认可委员会还积极举办并参与其他国内研讨会。如，2018年11月，巴基斯坦国家认可委员会在费萨拉巴德工商会举行"清真认可与认证意识"的研讨会，以及②联合信德省医疗委员会（SHCC）举办2018年巴基斯坦医疗委员会峰会③等。

3. 合格评定培训与研讨会

巴基斯坦标准与质量控制局经常组织开展质量管理体系（ISO 9001）、环境管理体系（ISO 14001）、食品安全管理体系（ISO 22000）、职业健康安全（OHSAS 18001）和清真食品管理体系（PS 3733：2016）等系列培训与研讨会，以增强相关机构合规能力。④

（二）国际实践活动情况

1. 巴基斯坦标准与质量控制局

巴基斯坦标准与质量控制局代表巴基斯坦积极参与国际和区域合格评定实践活动，目前是国际标准化组织、国际电工委员会、国际电工委员会电工产品合格测试与认证组织、美国材料与试验协会（ASTM）的正式成员；在区域上是伊斯兰国家标准与计量研究所、区域标准化和合格评定及认可与计量研究所（RISCAM）、南亚区域标准组织（SARSO）成员。

2. 巴基斯坦国家认可委员会

巴基斯坦国家认可委员会已获得区域和国际认可论坛的签署成员有：国际实验室认可合作组织、国际认可论坛、亚太认可合作组织、国际清真认可论坛、伊斯兰国家标准与计量研究所。

目前，巴基斯坦国家认可委员会已与国际实验室认可合作组织和亚太认可合作组织在测量和校准实验室、检验检测机构领域签署相互承认协议，与国际认可论坛和亚太认可合作组织在质量管理体系、环境管理体系和产品认证领域签署多边承认协议，一定程度上消除了成员单位间的技术性贸易壁垒，减少了不必要的重复性合格评定成本。

此外，巴基斯坦国家认可委员会作为巴基斯坦国家认可机构积极参与南亚区域

---

① 参考巴基斯坦国家认可委员会的网站 http://pnac.org.pk/2019/05/20/world-accreditation-day-2019/.

② 参考巴基斯坦国家认可委员会 FaceBook 网站 https://www.facebook.com/pg/PNAC.Official/posts/.

③ 参考巴基斯坦国家认可委员会 FaceBook 网站 https://www.facebook.com/pg/PNACNews/posts/.

④ 参考巴基斯坦标准与质量控制局的网站 http://updated.psqca.com.pk/ia-tr/events/.

组织活动。2010 年，在第四届 SAARC-PTB 认可工作组会议中，巴基斯坦国家认可委员会倡导组织成立南盟认可专家组（SAARC Expert Group on Accreditation），专家组成员由阿富汗国家标准局、孟加拉国标准与测试学会、印度认证机构国家认可委员会、印度检测校准实验室国家认可委员会、马尔代夫经济发展部（MoED）、尼泊尔标准与计量局国家认可联络点、巴基斯坦国家认可委员会、斯里兰卡国家认可机构（SLAB）计 8 大南亚国家标准或认可机构成员组成。2010 年年底，在第 7 次南盟标准协调委员会上，南盟认可专家组确定成立。专家组的成立意在促进南亚区域内信息交流，建立合作框架，并在 SAARC-PTB 项目框架下，与德国联邦物理技术研究院开展认可合作工作。自 2012 年第一届南盟认可专家组会议召开以来，截至 2019 年 9 月底，PNAC 代表已参加 6 届南盟认可专家组会议。[1]

四、接受国际技术援助情况

（一）贸易相关技术援助项目

巴基斯坦国家质量基础设施建设的改善，极大程度上得益于国际组织的资金技术支持。其中，由欧盟主导实施的多期贸易相关技术援助项目（简称"TRTA 项目"）最具代表性。该项目援助对巴基斯坦质量基础设施建设的整体规划、各技术服务部门的建设发展起着指导性、基础性和持续性的作用。因此，以下主要以 TRTA 项目为切入点，探析巴基斯坦在国家质量基础设施建设方面所接受的国际技术援助情况。

1. 项目简介

由欧盟资助的 TRTA 项目，旨在改善巴基斯坦的贫困状况和促进国家的可持续发展。具体目标体现在帮助巴基斯坦在商业贸易领域建立必要的技术能力，解决与贸易相关的各项问题，进而促进巴基斯坦融入全球和区域经济，刺激产品出口与创造就业机会。[2] 该项目已实施 3 期，其中，前 2 期与巴基斯坦的质量基础设施建设密切相关。TRTA 项目一期（TRTA I）运作主要集中在提升巴基斯坦对世贸组织的认识、合格评定机构的能力建设及知识产权制度的完善等方面。为进一步深化第一期项目成果和完善巴基斯坦贸易体制，欧盟组织启动了 TRTA 项目二期（TRTA II）实施计划。第一期实施日期为 2004 年至

---

① 参考南亚区域标准组织的网站 http://www.sarso.org.bd/site/page/6c0bce35-a64e-40a7-8d56-e175d43c0eaa.

② 参考巴基斯坦 TRTA 项目的网站 http://trtapakistan.org/background/objective/.

2007 年，第二期实施日期为 2010 年至 2014 年。①

2. 项目运作机制

（1）资金来源。

两期 TRTA 项目的项目经费主要由欧盟提供。此外，TRTA 项目一期结束至 TRTA 项目二期启动之前，为确保巴基斯坦基础设施的可持续性发展，联合国工业发展组织（United Nations Industrial Development Organization，UNIDO）和挪威发展合作署（Norwegian Agency for Development Cooperation）在两次项目之间，提供了过渡期资金。

2009 年 6 月 30 日，由欧洲委员会签署《贸易相关技术援助项目二期融资协议》[Financing Agreement of Trade Related Technical Assistance（TRTA II）Programme]，并于 2009 年 8 月 28 日由巴基斯坦政府会签（countersigned）。融资协议是指导实施 TRTA 项目二期的总体框架。协议规定，由欧盟组织提供954.5 万欧元资金，在 54 个月内完成对巴第二期技术援助项目。后据相关报告统计，第二期 TRTA 项目总预算为 1 200 万欧元，其中包括由联合国工业发展组织资助的 50 万欧元。具体预算情况如表 2.15 所示。

表 2.15　两期 TRTA 项目及其过渡阶段预算情况

阶段	实施时间段	实施时间	预算/万欧元	资质方
TRTA 项目一期	2004—2007 年	36 个月	250	EU
第一过渡阶段	2007—2008 年	6 个月	34	UNIDO
第二过渡阶段	2008—2009 年	12 个月	46	NORAD
第三过渡阶段	2009 年	3 个月	6	UNIDO
TRTA 项目二期	2010—2014 年	54 个月	1 005	EU、UNIDO
总计	2004—2014 年	9.25 年	1 340	EU、Norad、UNIDO

（资料来源：MARTIN K. Pakistan QI toolkit case studies: international bank for reconstruction and development [R]. The World Bank and Physikalisch-Technische Bundesanstalt (PTB)，2019：181.）

（2）项目结构。

2000 年至 2010 年，联合国工业发展组织制定并实施了支持巴基斯坦可持续工业发展能力建设的综合方案。其中，TRTA 项目一期中有两项项目输出与质量基础设施相关，即"完成对巴基斯坦出口商在 TBT、SPS 标准方面面临的

---

① 参考巴基斯坦贸易与发展研究所的网站 http://www.pitad.org.pk/indexP.php? type＝TRTA-I.

限制的全面评估"和"通过增强巴基斯坦认可和合格评定能力及计量和校准服务能力，提升巴基斯坦出口产业遵守标准和认证要求的水平。"①

TRTA 项目二期由三部分组成：

第一部分：贸易政策能力建设。通过提升巴基斯坦政府部门贸易政策制定的技能，促进有效的和结果导向型的公私对话机制，以增强贸易政策的市场相关性和有效性。

第二部分：改善质量基础设施，促进产品出口。TRTA 项目二期通过加强卫生与植物卫生系统管理、提高主要商品部门的附加值与生产力、改进合格评定基础设施等措施，使出口产品符合国际市场要求。

第三部分：加强知识产权制度建设。通过构建现代化知识产权制度，营造良好的知识产权保护环境，以刺激国内外投资贸易活动。

表 2.16 为两期 TRTA 项目的工作任务分解。

表 2.16 两期 TRTA 项目的工作任务分解

TRTA 项目一期		
主要任务	加强巴基斯坦计量、标准化、检测和质量保证能力，并为选定企业重组提供支持	
分任务 1	完成对巴基斯坦出口商在 TBT、SPS 标准方面面临的限制的全面评估	
分任务 2	增强巴基斯坦认可和合格评定能力及计量和校准服务能力，提升巴基斯坦出口产业遵守标准和认证要求的水平	
TRTA 项目二期		
第一部分	贸易政策能力建设	考核指标
1.1	加强巴基斯坦贸易与发展研究所（Pakistan Institute of Trade and Development）的研究能力	贸易政策和管理措施的制定、实施和监测过程透明化，并形成制度化的公私对话机制
1.2	加强巴基斯坦贸易与发展研究所及其他研究机构的贸易政策研究能力	
1.3	加强政府官员在特定贸易政策和国际贸易谈判中的能力	
1.4	为国家出口战略的制定提供智力支持	
1.5	搭建公私对话渠道，促进各方在国家出口战略问题上达成共识	
第2部分	改善质量基础设施，促进产品出口	

---

① MARTIN K. Pakistan QI toolkit case studies: international bank for reconstruction and development [R]. The World Bank and Physikalisch-Technische Bundesanstalt (PTB), 2019: 180.

表2.16(续)

TRTA 项目一期		
2.1	支持 SPS 管理能力建设	到 2014 年,渔业和园艺的平均单位出口额增长 5%
2.2	提升渔业、金橘、芒果和工业制品的质量、附加值,并满足市场准入需求	
2.3	加强合格评定基础设施建设和提升合格评定服务水平	
第3部分	加强知识产权制度建设	
3.1	加强知识产权机构建设	到 2014 年,知识产权(专利、商标、工业设计、版权等)注册效率提高 25% ~ 30%
3.2	完善知识产权法律和政策体系	
3.3	行使知识产权权力	
3.4	提高企业和研究机构使用知识产权系统的能力	

(资料来源:MARTIN K. Pakistan QI toolkit case studies: international bank for reconstruction and development [R]. The World Bank and Physikalisch-Technische Bundesanstalt (PTB), 2019: 180-183.)

(3) 项目实施方式。

根据欧盟委员会和联合国工业发展组织签署的捐赠协定 (Contribution Agreement),双方通过联合管理的模式实施第二期 TRTA 项目,第二期 TRTA 项目运行框架详见图 2.10。该项目设立项目督导委员会 (Programme Steering Committee),委员会成员由欧盟驻巴基斯坦代表团、巴基斯坦相关部委、私营部门和其他主要利益攸关方代表组成,负责指导、监督和检验项目的总体方向和政策,协调各资助方的利益诉求。

此外,巴基斯坦政府相关机构担任项目的协调中心 (Focal Point),负责与项目组共同评估协调中心直属部门下属目标机构的需求;与特定机构就第二期 TRTA 项目干预措施和方案资金技术投入(包括对口捐款)的细节进行协商;联合制定实施方案。譬如巴基斯坦贸易与发展研究所代表商务部作为项目第 1 部分的协调中心;巴基斯坦科技部被指定为项目第 2、第 3 部分的协调中心,负责支持改进合格评定基础设施与服务能力。

在项目实施方面,根据融资协议,TRTA 项目由联合国工业发展组织牵头,在事先获得欧盟驻巴基斯坦代表团的批准后,可将第二期 TRTA 项目的各组成部分分包给具有必要经验和资格的其他联合国机构或组织实施。主目标 1 贸易政策能力建设由国际贸易中心 (International Trade Centre) 负责执行,主目标 2 改善质量基础设施由联合国工业发展组织实施、主目标 3 完善知识产权制度由世界知识产权组织 (World Intellectual Property Organization) 执行。

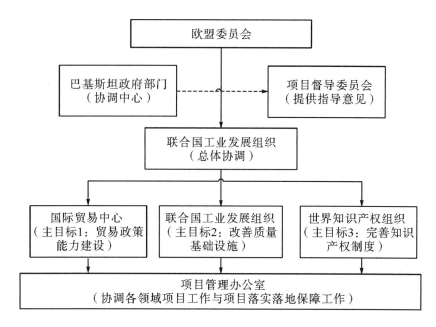

图 2.10　第二期 TRTA 项目运行框架

（资料来源：参考巴基斯坦 TRTA 项目的网站 http://trtapakistan.org/background/structure/.）

联合国工业发展组织/TRTA 项目管理办公室 （ UNIDO/TRTA Programme Management Office）承接了原 TRTA 项目一期指导委员会秘书处的后勤和秘书服务职能，以及 TRTA 项目一期管理办公室协调项目各组成部分的总体方案、联合国工业发展组织技术干预的本土实施等工作。此外，项目管理办公室还负责向根据项目要求派出的国际专家提供技术和后勤支持、与公私部门的主要利益相关方及合作组织保持持续的互动和对话、搭建项目网络平台、为第二期 TRTA 项目活动的顺利开展提供必要的行政和业务支持。

3. 质量基础设施相关项目成果输出情况

两期 TRTA 项目组根据巴基斯坦质量基础设施建设现状，通过技术支持、培训、研讨、国际联通等方式，一定程度上弥补了其质量基础设施建设中存在的不足。以下内容归纳整理了两期项目中，巴基斯坦质量基础设施建设的援助成果。

（1）TRTA 项目一期输出情况。

在标准领域，第一期 TRTA 项目组通过技术指导和制定工作指南的方式，向巴基斯坦标准与质量控制局提供技术支持，并取得了一定的成果，包括搭建起标准机构信息系统，疏通了参与 ISO 组织活动的信息渠道，设立了消费者联络处，设立了国家 WTO/TBT 国家咨询点，建立起体系认证中心。

在合格评定领域，第一期 TRTA 项目促成巴基斯坦标准与质量控制局建立起体系认证中心（System Certification Centre）；支持巴基斯坦 19 所检测实验室（6 所微生物实验室、7 所化学实验室、3 所纺织实验室、2 所皮革实验室和 1 所电气实验室）于 2006 年 9 月获得了挪威认可组织（Norwegian Accreditation）的国际认可。

在认可领域，第一期 TARA 项目组基于对巴基斯坦国家认可委员会的组织结构、实践能力和未来商业机会的深入评估，协助巴基斯坦国家认可委员会制定了国际认可总体规划。在这一规划文件的指导下，组织相关培训提升巴基斯坦国家认可委员会和各实验室评估员的工作能力。2009 年 5 月，巴基斯坦国家认可委员会与亚太实验室认可合作组织、国际实验室认可合作组织达成互认协议。同年，巴基斯坦国家认可委员会在获得国际认可后，开始自行开展实验室认可工作。[1]

在计量领域，在巴基斯坦政府和第一期 TRTA 项目支持下，巴基斯坦国家物理与标准实验室能力大幅提升，其下 6 所计量实验室的基础设施建设工作基本完成。其中，质量测量实验室在项目组支持下，申请获得由挪威发展合作署授予的国际性认可机构的地位。

（2）TRTA 项目二期援助成果。

第二期 TRTA 项目第 2 部分的改善巴基斯坦质量基础设施的目标，是通过制定国家质量政策与规划、改善基础设施合格评定实现的。该项目的实施在一定程度上完善了第一期 TRTA 项目方案和促成了项目成果的可持续性发展。表2.17 为第二期 TRTA 项目质量基础设施建设的输出成果。

表 2.17　第二期 TRTA 项目质量基础设施建设的输出成果

领域	重大成果
质量基础设施	协助制定《巴基斯坦国家质量政策（2014）》草案
标准	发布自愿性标准制定操作规范
	巴基斯坦标准与质量控制局的 WTO/TBT 国家咨询点的通报管理职能得到落实
	组织消费者联络处官员培训 2 次，促进消费者代表参与标准制定过程的相关会议约 20 次

---

① MARTIN K. Pakistan QI toolkit case studies: international bank for reconstruction and development [R]. The World Bank and Physikalisch-Technische Bundesanstalt (PTB), 2019: 194.

表2.17(续)

领域	重大成果
计量	编制质量和技术手册，支持国家物理与标准实验室开展 2 个领域的实验室能力验证提供者服务。
	协助国家物理与标准实验室的 6 所计量实验室获得国际认可，并支持国家物理与标准实验室签署国际计量互认协议。
认可	支持巴基斯坦国家认可委员会签署了国际认可论坛多边互认协议
	促成巴基斯坦国家认可委员会根据 ISO 17043：2010 提供实验室能力验证认可服务
	组织开展 ISO 17025 培训课程
合格评定	支持 24 所检测实验室获得巴基斯坦国家认可委员会的认可
	协助实验室制定检测服务商业运营计划，以确保实验室的可持续性发展

（资料来源：参考巴基斯坦 TRTA 项目的网站 http://trtapakistan.org/programme-activities/conformity-assessment/co nformity-milestones/ .)

（二）"通过制定经济合作组织区域质量政策实现良好治理与可持续性"项目

1. 项目简介

2013 年 3 月 13 日在维也纳举行的经济合作组织（ECO）会议期间，联合国工业发展组织和经济合作组织联合提出为期 3 年的区域质量基础设施发展项目，即"通过制定经济合作组织区域质量政策实现良好治理与可持续性"项目。项目由联合国工业发展组织和经济合作组织联合实施，巴基斯坦、阿富汗、伊朗、阿塞拜疆、哈萨克斯坦、吉尔吉斯斯坦、土耳其、土库曼斯坦和乌兹别克斯坦等经济合作组织区域成员国的相关标准机构协调配合，以协助经济合作组织秘书处制定区域质量政策和国家质量政策指导方针。

2. 项目输出成果

相关项目输出成果如表 2.18 所示。

表 2.18 项目输出成果

结果		指标	验证方法	假设和风险
成果				
1	制定区域质量基础设施协调发展方法/策略	（1）ECO 制定和批准区域质量政策（当时无） （2）国家和区域政策制定者和政策的数量，至少有 30 名受训人员（平均每个成员国 3 名），尽可能鼓励妇女参与	（1）区域质量政策文件 （2）受训人员问卷调查	所有 ECO 成员国了解区域质量政策的重要性，并能够就其最终形式达成协议
2	国家标准化相关机构有一个共同的框架来制定符合区域质量政策和国际水平的国家质量政策	制定国家质量政策指导方针	指导方针文件	
输出				
1	制定 ECO 区域质量政策	（1）ECO 秘书处制定区域质量政策（当时无） （2）ECO 成员国区域质量政策研讨会/培训班，至少有 20 个受训人员（平均每个国家 2 名） （3）ECO 成员国由专业培训师培训人数 300 名（平均每个国家 30 名），尽量鼓励妇女参与	（1）报告 （2）专家培训报告	ECO 成员国都愿意与工发组织合作，接受区域质量方策最终文件

表2.18(续)

	结果	指标	验证方法	假设和风险
2	通过制定政策指南，支持ECO成员国制定国家质量政策	（1）ECO/UNIDO制定/印刷/分发国家质量政策指导方针文件 （2）制定适合国家需要的培训方案和材料 （3）专家组委会（EGM）组织验证区域质量基础设施需求、案例以及国家政策制定指导方针现有水平 （4）政策制定者培训（ECO成员国国家质量政策培训课程），至少20名受训人员（每个国家至少2名） （5）ECO成员国由专业培训师培训人数300名（平均每个国家30名），尽量鼓励妇女参与	指导方针文件 EGM建议和报告 专家培训报告	ECO成员国都愿意接受培训，并对指导方针文件结果保持关注

小结

本章从标准、计量、认可、合格评定、市场监管五个维度对巴基斯坦质量基础设施建设情况进行了剖析。总体而言，目前巴基斯坦基本搭建起完整的国家质量基础设施机构主体框架和出台了必要的法律政策支撑。

巴基斯坦质量基础设施的建设与发展，极大程度上得益于国际社会提供的资金与技术支持。2004年至2014年，两期TRTA项目实施期和项目三段过渡期的累计时间约9.25年。巴基斯坦在此期间制定了国家质量政策；国家标准机构巴基斯坦标准与质量控制局制定了认证机构规划路线①，搭建起信息化平

---

① MARTIN K. Pakistan QI toolkit case studies：international bank for reconstruction and development［R］. The World Bank and Physikalisch-Technische Bundesanstalt（PTB），2019：206.

台，设立了消费者联络处和国家 WTO-TBT 国家咨询点并强化了人员能力建设，规范了制定自愿标准的操作流程，疏通了参与 ISO 组织信息交流渠道；国家计量机构国家物理与标准实验室签署了国际计量互认协议，6 所计量实验室获得国际认可，制定实施了国家实验室能力验证计划；国家认可机构巴基斯坦国家认可委员会在项目组协助制定的国际认可总体规划的指导下，先后与亚太实验室认可合作组织、国际实验室认可合作组织达成互认协议，并签署国际认可论坛多边互认协议，在国内与国家物理与科学实验室探讨开展实验室能力验证认可工作；巴基斯坦国内检测实验室中部分实验室获得挪威认可组织的国际认可，部分获得巴基斯坦国家认可委员会的认可；制定实施了检测服务商业计划，确保了实验室的可持续性发展。包括联合国工业发展组织、挪威发展合作署、经济合作组织、联合国开发计划署等国际组织，以及德国联邦物理技术研究院、日本国际协力机构等在内的先进国家质量基础设施机构均在巴基斯坦质量基础建设项目期间发挥着不同程度的促进作用。

自 2014 年两期 TRTA 项目及其他大型质量基础设施援助项目大致终止以来，巴基斯坦国家质量基础设施技术服务部门基本进入了自主运行和改革调整期。《巴基斯坦国家质量政策（2014）》最终草案中指出，巴基斯坦各质量基础技术服务部门仍存在亟待解决和组织完善的各项问题。譬如，在标准领域，巴基斯坦标准与质量控制局作为质量基础技术服务机构与市场监管机构存在双重角色冲突，开发标准制定机构注册系统为了丰富行业标准制定主体，应建立并维护有效的标准和技术法规信息网络；在计量领域，需建立健全巴基斯坦国家联邦与省级法定计量框架，设置独立的计量监管机构，加强计量监管人员能力培养；在认可领域，需提升巴基斯坦国家认可委员会的认可服务能力，健全清真认可体系，扩充认可服务范围；在合格评定领域，需在公共和私营部门建立合格评定服务供应库，以便在符合相关技术法规的情况下提供合格的技术服务；在市场监管领域，需明确联邦和省政府、各行业监管部门之间制定实施技术法规的职能。值得一提的是，《巴基斯坦国家质量政策（2021）》的出台也标志着巴基斯坦政府计划着力解决上述发展难题。

总而言之，提升国家质量基础设施技术服务能力是巴基斯坦未来发展的大势所趋。一方面，随着巴基斯坦对外经贸发展程度的不断加深，国际社会的相关准入要求一定程度上倒逼巴基斯坦持续完善与改进国家质量基础设施技术服务能力；另一方面，巴基斯坦质量基础设施和政府各项法律法规框架的完善，各组织管理机构在规范国内市场的同时，也将对进口产品提出更为严格的质量要求。

第三章　中、印、巴质量基础设施比较分析

由于中国与印度、巴基斯坦的历史背景、国家体量、政治体制、经济发展程度、国家整体实力不同，所以其国家质量基础设施建设也呈现出不同的组织形式和发展方向。本章拟从发展历程、政策战略、法律法规、体制机制和实践活动五个维度出发，选取所属维度下的关键指标进行比对。

第一节　发展历程比对

一、共性

中、印、巴质量基础设施建设的共性主要表现在以下两个方面：

一是受历史原因影响，中、印、巴的质量基础设施体系都是以其他国家为蓝本创建的。例如，在中华人民共和国成立初期，由于中苏是盟友关系，中国的质量基础设施是仿照"苏联模式"建设的。而印度和巴基斯坦由于长期受英国殖民统治的影响，印巴分治后，在各自建国初期，其质量基础设施的法律法规、体制机制、运行模式等都具有浓厚的"英国色彩"。

二是中、印、巴的质量基础设施建设都努力融入世界经济，积极与国际接轨。中国方面，自加入WTO以来，为适应"入世"和完善社会主义市场经济体制，中国积极学习国际质量基础设施的先进模式与经验。一方面，中国引入了国际认证认可制度，并通过机构整合建立了统一的认证认可管理体系，克服了各自为政、多头管理、重复认证等一系列弊端。其中最为突出的是改变了当时内外贸易市场分割，对国产和进口产品分别实施两套不同的认证制度的局面。另一方面，各项标准、合格评定和计量的国家战略及规划中都强调了全球化的发展思路。印度方面，印度的质量基础设施在20世纪80年代逐步与国际

接轨，引进国际先进标准带动国际认证在印度本土的发展；积极与发达国家开展技术合作，引入汽车和电信行业标准助推产业发展。印度在此期间积极进行国际合作，适应了经济全球化的趋势，质量基础设施体系得到了巩固。巴基斯坦方面，加入 WTO 后，巴基斯坦的质量基础设施建设开始与国际接轨，积极引进国际先进标准，并在组织机构、管理模式、法律法规等方面进行大胆创新。21 世纪以来，巴基斯坦积极与经济发达国家或欧盟、联合国工业发展组织等机构开展国际项目合作，在此过程中，按照国际实践经验不断规范和完善国家质量基础设施发展体系。

二、差异性

中、印、巴质量基础设施建设的差异性主要表现在以下两个方面：

一是中、印、巴质量基础设施建设借鉴模式不同。中国方面，中华人民共和国成立初期，中国与苏联在政治经济体制、组织管理模式、产业技术基础等方面有着密切关联，中国质量基础设施体系的规划设计、建设也仿照"苏联模式"。不过，在改革开放的发展浪潮中，中国逐渐转向借鉴美日欧等发达国家或地区的质量基础设施发展模式。印度和巴基斯坦方面，由于受英国殖民历史的影响，在建国初期，印度与巴基斯坦质量基础设施建设都借鉴"英国模式"，其质量基础设施的法律法规、体制机制、运行模式等都具有浓厚的"英国色彩"。

二是在各发展阶段，中、印、巴质量基础设施要素发展程度不同。中国方面，标准和计量发展较早，新中国成立初期就成立了相关技术机构，并购进大量苏联的计量基准器、标准器，标准和计量工作得到了长足的发展；合格评定制度建设起步较晚，始于改革开放之初，20 世纪 80 年代中期至 90 年代初期才相继建立部分产品认证制度和推行实验室认可工作。随着经济的发展和社会的进步，中国质量基础设施体制机制逐步完善，政策环境不断优化，标准和计量发展更加成熟，合格评定能力持续提升。印度和巴基斯坦方面，标准、计量、合格评定同时起步，在建国初期就开始设立质量基础设施机构，兼具标准、合格评定或标准、计量与合格评定的职能。不过，两国在认可领域的起步较晚，20 世纪 80 年代初期至 90 年代中期设立国家认可机构，负责开展认可工作。

第二节　政策战略比较分析

世界主要发达国家都高度重视国家质量基础设施体系建设，并将其提升到了国家战略层面。本节从文件存续、制定主体、国际定位三个指标出发，对中、印、巴三国的质量基础设施战略政策进行了比对分析（见表3.1）。

表3.1　中、印、巴质量基础设施战略政策的比对分析

比对维度	比对指标	共同点	不同点
政策战略	文件存续	都制定了国家质量基础设施相关的政策规划	中国：中央和地方条块化规划发展早，迭代多，较完善 印度与巴基斯坦：地方仍采用中央层面战略
	制定主体	多方共同制定	中国：各部门与智库机构联合、部际联席会议 印度：各利益相关方均可参与，包括企业、消费者组织 巴基斯坦：多方参与且国外援助项目组扮演重要角色
	国际定位	强调适应全球化趋势；提升国际化水平及认可度；提升国际竞争力等	中国：主动参与并在领先领域发挥主导作用 印度：被动参与且以国家优先事项和要求为前提，以消除贸易障碍与推广传统产业为目的 巴基斯坦：主动参与，追求国际组织认可并与国际要求保持一致

一、文件存续

（一）中国

中国在标准、计量、合格评定与市场监管领域分别颁布了相应的发展规划，形成了以《"十四五"推动高质量发展的国家标准体系建设规划》《国家标准化发展纲要》《贯彻实施〈国家标准化发展纲要〉行动计划》《关于大力开展质量基础设施"一站式"服务的意见》《中国标准2035》（研制中）《计量发展规划（2021—2035年）》《"十四五"认证认可检验检测发展规划》和《"十四五"市场监管现代化规划》等国家发展规划为基础，行业发展规划与地方发展规划为补充的质量基础设施政策战略。中国国家质量基础设施政策战

略框架如图 3.1 所示。

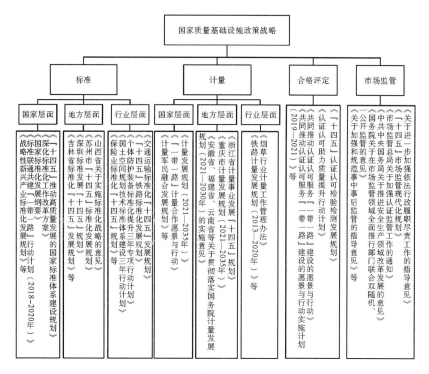

图 3.1　中国质量基础设施政策战略框架

（二）印度

自 2014 年起，印度各部门及相关机构每年在其国家标准会议上就制定印度国家标准战略进行专题讨论。《印度国家标准战略（2018—2023）》于 2018 年 6 月正式出台，并在第五届印度国家标准会议上发布。2019 年 3 月 29 日，印度标准局发布了相应的《标准国家行动计划》作为《印度国家标准战略（2018—2023）》的补充材料，该行动计划明确规定了三年内需达成的近期目标。

《印度国家标准战略（2018—2023）》充分考虑了印度各部门的发展现状、现有的质量基础设施与国内经济发展及商品和服务贸易有关的政策方向，提出了质量生态系统的四大支柱："标准制定""合格评定、认可和计量""技术法规和 SPS 措施""意识培育、咨询、教育培训"。《印度国家标准战略（2018—2023）》为印度政治与行政领导层更好地通过开展标准化、技术法规等质量基础设施相关活动来提升印度在全球经济中的利益等提供指导。

（三）巴基斯坦

巴基斯坦自建国以来，先后于 2004 年和 2021 年出台国家质量政策。前者主要是对巴基斯坦国家质量基础设施相关机构建设工作的部署、工业制品质量和技术水平提升的规划；后者则侧重于提升国家质量基础设施能力、协调国家质量基础设施技术服务部门与各行业监管部门之间的矛盾与分歧。

《巴基斯坦国家质量政策（2021）》设定了五大政策目标，即确保来自巴基斯坦或在巴基斯坦交易的货物和服务的设计、制造及供应方式符合买方、消费者、交易所在地和出口市场监管机构的要求，保证家庭、公共和工作场所的安全，并有助于环境保护；设计和建立符合巴基斯坦发展需求且国际认可的计量、标准化、认可、检验、检测和认证等质量基础设施；通过实施国家技术法规框架来加强技术监管，以满足 WTO/TBT 和 WTO/SPS 协议及国际最佳实践等的要求，包括 NQI 机构和国家监管机构建立合作，并与国际同行开展合作工作；开发支持各种标准化、质量和技术监管计划所需的人力资源，因为服务的提供完全有赖于训练有素的熟练劳动力；增强供应商和消费者的质量意识，发展社会质量文化。

（四）中、印、巴比对分析

1. 共性

中、印、巴三国都制定了国家质量基础设施相关的政策规划。中国颁布实施《"十四五"推动高质量发展的国家标准体系建设规划》《国家标准化发展纲要》《关于大力开展质量基础设施"一站式"服务的意见》等系列战略政策及规划，并分阶段启动了《中国标准2035》的研制项目。印度于 2018 年出台了《印度国家标准战略（2018—2023）》。巴基斯坦也于 2004 年和 2021 年先后出台《国家质量政策与规划（2004）》《巴基斯坦国家质量政策（2021）》。

2. 差异性

中、印、巴三国战略政策体系架构不同。从纵向来看，中国自中央至地方相继出台了标准、计量、认可与合格评定、市场监管等质量基础设施相关的战略政策文件，有力推动了中央决策部署落地落实、见行见效。值得一提的是，2018 年 6 月，深圳市市场和质量监督管理委员会联合深圳市发展和改革委员会印发《深圳市质量基础设施建设发展规划（2018—2020）》，这是中国首份聚焦计量、标准、检验检测认证等质量基础设施体系建设与融合发展的地方性政策文件。而印度与巴基斯坦并未出台地方性的质量基础设施战略政策与规划，地方分支机构主要负责贯彻落实中央整体战略规划部署。

从横向来看，中国方面，为贯彻落实《中华人民共和国国民经济和社会发展第十四个五年规划和 2035 年远景目标纲要》的相关部署，中国政府现已围绕标准、认可与合格评定、计量和市场监管分别出台了阶段性或长期性的国家级战略政策规划文件。与此同时，各行业监管部门为贯彻落实国家级战略政策部署，纷纷编制了配套实施的行业标准化发展规划，以确保战略政策的有效落实。标准、计量、合格评定领域部分国家战略与规划见表 3.2~表 3.5。

表 3.2　中国标准化领域相关战略规划文件

时间	标准化战略规划
1963 年	《1963—1972 年标准化发展十年规划》
2006 年	《标准化发展"十一五"规划纲要》
2011 年	《标准化事业发展"十二五"规划》
2015 年	《深化标准化工作改革方案》
2015 年	《国家标准化体系建设发展规划（2016—2020 年）》
2015 年	《标准联通"一带一路"行动计划（2015—2017 年）》
2017 年	《标准联通共建"一带一路"行动计划（2018—2020 年）》
2017 年	《"十三五"技术标准科技创新规划》
2021 年	《国家标准化发展纲要》
2021 年	《"十四五"推动高质量发展的国家标准体系建设规划》
2021 年	《关于推进内外贸产品"同线同标同质"工作的通知》
2022 年	《贯彻实施〈国家标准化发展纲要〉行动计划》

表 3.3　中国计量领域相关战略规划文件

时间	计量领域相关战略规划
1959 年	《关于统一计量制度的请示报告》
1984 年	《国务院关于在我国统一实行法定计量单位的命令》
2006 年	《国家中长期科学和技术发展规划纲要（2006—2020 年）》
2013 年	《计量发展规划（2013—2020 年）》
2014 年	《军民融合计量战略合作框架协议》
2016 年	《"一带一路"计量合作愿景与行动》
2021 年	《计量发展规划（2021—2035 年）》

表 3.4　中国合格评定领域相关战略规划文件

时间	合格评定领域相关战略规划
1995 年	《中国合格评定（质量认证）发展"九五"计划和 2010 年长期规划纲要》
2007 年	《认证认可标准化"十一五"发展规划》
2015 年	《共同推动认证认可服务"一带一路"建设的愿景与行动》
2015 年	《国家认监委关于加快发展自愿性产品认证工作的指导意见》
2016 年	《认证认可检验检测发展"十三五"规划》
2017 年	《认证认可助力质量提升行动计划（2017）》
2017 年	《关于开展质量提升行动的指导意见》
2018 年	《关于加强质量认证体系建设　促进全面质量管理的意见》
2019 年	《共同推动认证认可服务"一带一路"建设的愿景与行动实施计划（2019—2021）》
2022 年	《"十四五"认证认可检验检测发展规划》

表 3.5　中国市场监管领域相关战略规划文件

时间	市场监管领域相关战略规划
2017 年	《"十三五"市场监管规划》
2017 年	《关于开展质量提升行动的指导意见》
2018 年	《关于深化市场监管综合行政执法改革的指导意见》
2018 年	《关于加强质量认证体系建设促进全面质量管理的意见》
2019 年	《市场监管总局关于加强认证监管工作的通知》
2019 年	《国务院关于在市场监管领域全面推行部门联合"双随机、一公开"监管的意见》
2019 年	《国务院关于加强和规范事中事后监管的指导意见》
2021 年	《"十四五"市场监管现代化规划》

　　印度和巴基斯坦方面，印度自 2018 年出台《印度国家标准战略（2018—2023）》后，又于次年印发《标准国家行动计划》以作为贯彻落实国家标准化战略的三年期阶段性文件；巴基斯坦仅出台国家质量政策，政策中覆盖了五年实施计划。印巴两国均未因贯彻落实国家质量政策战略的目的而专门出台相关的行业政策文件或与质量基础设施相关的各要素的独立性规划文件。

当然，这与三国质量基础设施相关政策文件的内容不无关系。印巴两国的质量基础设施相关政策文件主要聚焦于国家质量基础设施体系建设上。《印度国家标准战略（2018—2023）》虽然名为国家"标准化"战略，但是实为印度质量基础设施的战略文件。该文件充分考虑了当前印度质量基础设施与国内经济发展情况，融合了"标准制定""合格评定、认可和计量""技术法规和SPS措施"等多重质量基础设施相关要素，为印度更好地利用质量基础设施及相关活动来提升在全球经济中的利益提供指导。现行《巴基斯坦国家质量政策（2021）》则在建设巴基斯坦国家质量基础设施、完善国家技术法规框架、协调国家质量基础设施技术服务部门与各行业监管部门的关系、提升国家质量基础设施能力、发展质量文化等方面制定了详细的实施方案。再看中国，以《国家标准化发展纲要》为例，该文件没有局限于国家质量基础设施建设工作，提出了农业、工业、服务业和社会事业等全域标准化深度发展的目标与整体要求，各行业监管部门在落实纲要部署时需要制定所在领域的详细落实计划。

二、制定主体

（一）中国

我国标准、合格评定、计量等纵向条块的国家战略、规划主要由国务院或主管部门牵头制定。如尚未出台的《中国标准2035》是由国家市场监督管理总局（国家标准化管理委员会）联合中国工程院等智库共同制定；国家市场监督管理总局、国家认证认可监督管理委员会同国家发展和改革委员会等全国认证认可部际联席会议各成员单位、特邀单位共32个部门联合制定了《认证认可检验检测发展"十三五"规划》；国家市场监督管理总局等16部门联合印发《贯彻实施〈国家标准化发展纲要〉行动计划》。地方发展规划主要由地方行政机关与主管部门牵头制定。如成都市2017年出台的《关于积极采用国际一流标准开展品质提升行动建设品质成都的意见》由成都市政府与相关主管部门（原成都市质量技术监督局）牵头，其余30余个政府部门积极配合制定。

（二）印度

印度的质量基础设施战略文件是在印度商务部贸易政策司的全面监督下，与各利益相关方进行广泛磋商，并征求公众对该战略文件草案的意见后编写完成。印度商务部、印度商工部、印度工业联合会、印度标准局、印度认证机构国家认可委员会、印度出口检验理事会、贸易与投资法中心、WTO研究中心等与质量基础设施密切相关的部门及机构共同参与了战略文件的制定。

（三）巴基斯坦

巴基斯坦 2004 年版和 2021 年版国家质量政策这两份文件均由巴基斯坦科技部牵头，2004 年版在亚洲开发银行、巴基斯坦国内外专家顾问的指导支持下，由巴基斯坦国家认可委员会起草完成；2021 年版国家质量政策实质上也是在欧盟资金的支持下，由联合国工业发展组织牵头的贸易相关技术援助项目二期输出成果《巴基斯坦国家质量政策（2014）》（最终草案）的基础上，经巴基斯坦中央和地方部委、行业代表和社会团体协商后调整修改而成的。

（四）中、印、巴比对分析

1. 共性

中、印、巴三国的质量基础设施战略与规划的制定主体具有多元化特征，并非由各国质量基础设施相关的主管部门独立完成。

2. 差异性

我国的战略与规划文件的制定更多地联合了商务部、科技部等各部门的强大力量，与技术机构协同发力，利用联席会议等制度制定相关战略规划。而印度和巴基斯坦在研制国家质量基础设施战略规划时，更强调所有利益相关方的广泛参与。印度在制定战略与规划的过程中，不仅有政府各部委的参与，还将社会各阶层包括企业、消费者、国际合作机构的观点都纳入战略规划中，积极地反映了企业尤其是中小企业的迫切需求。巴基斯坦政府乐于寻求国际组织或国外专家的支持，其国家质量政策文本的形成很大程度上得益于国际组织的技术援助。而巴基斯坦国家质量政策也是巴基斯坦科技部与中央和地方各级政府机构协商，以及听取行业代表和社会组织反馈意见后，所形成的最终成果。

三、国际定位

（一）中国

中国已从国际体系参与者变为全球和区域倡议发起者，在标准、计量和合格评定领域的战略规划文件中，也呈现出从"跟跑"的国际定位向"并跑"和"领跑"的国际定位转变。

在标准领域，《国家标准化发展纲要》中提道，一方面，要联合国际标准组织成员，推动气候变化、可持续城市和社区、清洁饮水与卫生设施、动植物卫生、绿色金融、数字领域等国际标准制定；另一方面，计划主导推进区域、次区域标准化合作，包括推进太平洋地区、东盟、东北亚等区域标准化合作，探索建立金砖国家标准化合作新机制等。

在认可与合格评定领域，《"十四五"认证认可检验检测发展规划》中也明确指出，要通过"积极推动国际合格评定组织建设"，"主动参与国际合格评定标准和规则制定"和"务实推进'一带一路'认证认可检验检测合作"等方式，提升中国认证认可检验检测的国际影响力和话语权。

在计量领域，《计量发展规划（2021—2035）》中提出，中国深度参与国际计量战略规范制定，积极参与和主导国际计量规则和规范制修订，加强"一带一路"计量合作，积极推行国际法定计量组织（OIML）互认制度等，无一不彰显出中国在国际和区域计量活动中的主观引领的角色定位。

（二）印度

印度质量基础设施发展战略充分体现其积极参与国际活动，谋求国际组织领导职务，争夺优势领域的全球话语权的阶段性战略目标。例如，印度积极争取将本国在标准、合格评定、计量等领域的意见建议纳入全球机构制定的规则之中，确保印度在全球的对等权益。在标准方面，积极与国际标准相协调，以打破技术贸易壁垒，从持续参与国际标准制定逐步转变为在国际标准化活动中担任领导职务；在合格评定方面，通过认可机制方面的互认协议，推广印度品牌，确保全球认可与对等，在国际组织的技术委员会和治理架构中担任领导职务；在市场监管方面，确保市场监管机制、方法手段等能普遍适应全球规则。

（三）巴基斯坦

巴基斯坦国家质量政策战略处于积极参与国际活动、追求国际组织认可并与国际要求保持一致的发展阶段。譬如在国际活动参与方面，质量政策鼓励所有利益相关方通力合作，为积极参与国际标准化组织、国际电工委员会、国际法定计量组织、国际认可论坛等国际组织及南亚区域合作联盟、亚太实验室认可合作组织和亚太法制计量论坛等区域性组织创造有利条件。在标准领域，强调在条件允许的情况下，协调国家标准、区域标准、国际标准的关系，尽量保持国家标准与区域、国际标准的一致性，以避免造成不必要的技术性贸易壁垒。在计量领域，要求尽可能获得国际承认的校准测量能力项数。在认可领域，追求维系国际实验室认可合作组织和国际认可论坛对巴基斯坦国家认可委员会的认可地位。

（四）中、印、巴比对分析

1. 共性

中、印、巴三国的战略与规划都强调本国的质量基础设施工作应适应全球化趋势，提升 NQI 事务的国际化水平，在国际组织中积极发挥作用，提升本国在全球的认可度等。

2. 差异性

中国的国家质量基础设施发展战略与规划强调主动性，在国际领先领域发挥主导作用，提升国际影响力和话语权，体现出从"跟跑"向"并跑"和"领跑"转变的国际定位。印度参与质量基础设施相关国际化活动较早，但尚未具备发挥主导作用的能力，其战略规划强调以国家优先事项为前提，以消除贸易障碍与推广传统产业为目的，打造全球所接受的印度品牌。巴基斯坦质量基础设施起步较晚，其建设和发展极大程度上得益于国际社会提供的技术援助与资金支持，战略政策上也体现出为追求国际组织的认可与国际要求保持一致的目的，从而积极参与国际化活动。

第三节　法律法规比较分析

国家质量基础设施体系的建立、运行和发展需要法制保障。国家质量基础设施体系和监管框架都需要通过适当的立法来获得其合法性。按照联合国工业发展组织对国家质量政策中的法律框架的定义，其立法应包括标准化法、计量法、法定计量法、认可法、技术法规框架法等相关立法（见表 3.6）。联合国工业发展组织的这一国际示范文件是发达国家质量基础设施立法的经验总结，也是广大发展中国家完善质量基础设施立法的重要参考。

表 3.6　国家质量基础设施的法律框架

典型立法	定义与特性
标准法 （Standard Act）	规定国家标准的制定与发布及其法律地位，以及如何在国家其他立法中引用国家标准。如果属于公共部门，该法则可以规定建立国家标准机构，规定其治理、活动、责任、财务等内容
计量法 （Metrology Act）	规定国际单位制度及国家计量标准的建立与维护。计量法还规定了国家计量机构及其治理、活动、责任和财务等内容
法定计量法 （Legal Metrology Act）	规定了对贸易、健康服务、环境控制和执法等方面的计量设备控制权，其中包括对消费品预包装的要求。法定计量法还应规定设立法定计量部门及其治理、活动、责任、财务等内容

表3.6(续)

典型立法	定义与特性
认可法 （Accreditation Act）	规定了使用认可作为合格评定服务提供者技术能力的主要手段，不仅适用于产品，还适用于整个社会所需的服务，例如，医学或病理学实验室。该法还应规定设立国家认可组织（若没有，则指定区域或其他国家的机构为事实上的机构）及其治理、活动、责任、财务等内容
技术法规框架法 （Technical Regulation Framework Act）	规定了按照 WTO/TBT 协定（和经济合作组织相应规定），所有主管部门及其机构以商定方式制定和发布技术法规。该法应包含预先进行影响力评估的指导意见，以确定制定技术法规的有效性、引用有技术要求的标准、首选的合格评定方法、监管机构的责任和制裁的实施；还可以规定设立高级别监督机构，以协调不同政府部门和 NQI 机构的所有技术监管活动，以确保技术法规框架法符合 WTO/TBT 协定（和经济合作组织相应规定）

（资料来源：中国计量科学院. 国家质量政策：指导原则、技术指南和实践工具 ［M］. 北京：中国质量标准出版传媒有限公司，2019：115.）

下文根据中、印、巴三国在标准、计量、认可与合格评定、市场监管方面所颁布的全国性法律法规，分析其整体的法律框架，以及法律法规文件中质量基础设施各要素是否存在交叉性。

一、中国质量基础设施相关法律法规概述

中国质量基础设施法律法规分为两大类。一类是以质量基础设施主管部门为主要执法主体的质量基础设施法律法规，其中由全国人大通过并实施的《中华人民共和国标准化法》《中华人民共和国计量法》《中华人民共和国产品质量法》等是综合性的法律，而其他法规、规章又分为制度类和产品类两大类。制度类法规、规章主要是指《中华人民共和国标准化法实施条例》《中华人民共和国计量法实施细则》《中华人民共和国认证认可条例》等；产品类法规、规章主要是指《饲料和饲料添加剂管理条例》《棉花质量监督管理条例》《缺陷汽车产品召回管理条例》《能源计量监督管理办法》（这些条例也具有制度类法规、规章的属性）等。另一类是以其他部门为主要执法主体但涉及质量基础设施主管部门职能的其他部门法规，即质量基础设施相关法规，主要包括武器装备、电信产品、通信设施、道路交通产品、消防产品等有关法规。其具体框架如图 3.2 所示。

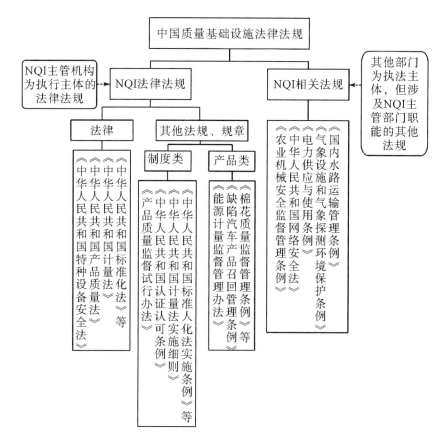

图 3.2　中国质量基础设施法律法规总体框架

具体而言，中国在标准、计量、认可和合格评定、市场监管各领域的国家层面颁布法律法规情况如下：

在标准领域，《中华人民共和国标准化法》是中国标准管理领域的根本法。根据该法，国务院制定并发布了《中华人民共和国标准化法实施条例》。根据标准化法和实施条例，国务院有关行政主管部门制定发布了一系列与之配套的行政法规、部门规章。中国标准领域法律法规体系框架如图 3.3 所示。

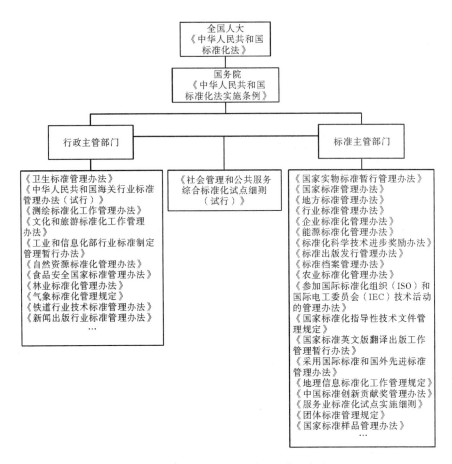

图 3.3　中国标准领域法律法规体系框架

在计量领域，我国目前已经建立起了一套相对清晰的计量法律法规体系。该体系以《中华人民共和国计量法》为基本法,① 还包括若干计量行政法规、部门规章，以及地方性计量法规、规章为配套，另外还有庞大的计量技术法规作为辅导的计量法律法规体系。表 3.7 列举了部分中国计量相关法律法规。

---

① 洪生伟. 计量管理［M］. 7 版. 北京：中国质检出版社，2018.

表 3.7　中国计量相关法律法规一览（部分）

类别	细分类别	名称	批准或发布机关	实施或修订日期
计量法律	—	《中华人民共和国计量法》	全国人民代表大会通过	1986 年 7 月 1 日
计量 行政法规 （部分举例）	国家计量行政 法规	《中华人民共和国计量法实施细则（2022 年修正本）》	国家计量局发布	2022 年 4 月 21 日 （修订）
		《国防计量监督管理条例》	国务院、中央军事委员会发布	1990 年 4 月 5 日
		《中华人民共和国进口计量器具监督管理办法》	国务院批准 国家市场监督管理总局发布 （原国家技术监督局）	2016 年 2 月 6 日
	地方计量行政 法规	《山东省计量条例》	山东省人大常务委员会通过	2004 年 7 月 1 日
		《重庆市计量监督管理条例》	重庆市人大常务委员会通过	2000 年 5 月 25 日
计量行政 规章 （部分举例）	国家计量行政 部门批准发布	《计量授权管理办法》	国家市场监督管理总局 （原国家技术监督局）发布	1989 年 11 月 6 日
		《能源计量监督管理办法》	国家市场监督管理总局 发布	2020 年 10 月 23 日 （修订）
	国务院有关行 业部门制定 发布	《水利部计量工作管理办法》	水利部发布	1994 年 4 月 27 日
		《海洋计量工作管理规定》	国家海洋局发布	2018 年 3 月 20 日
	各省（区、 市）政府及省 （区）政府所 在地的市和经 国务院批准的 较大的市政府 制定发布	《北京市计量监督管理办法》	北京市人民政府发布	2001 年 6 月 18 日
		《广东省医疗卫生计量器具管理办法》	广东省人民政府发布	1991 年 6 月 3 日
		《浙江省贸易结算计量监督管理办法》	浙江省人民政府发布	1997 年 5 月 13 日
计量技术 法规（部分 举例）	计量检定系 统表	密度计量器具（规范编号：JJG 2094-2021）	国家市场监督管理总局 发布	2022 年 6 月 28 日
	计量检定规程	角膜曲率计用计量标准器（规范编号：JJG 1088-2019）	国家市场监督管理总局 发布	2020 年 3 月 27 日
	计量器具型式 评价大纲	间歇测量医用电子体温计型式评价大纲（规范编号：JJF 1778-2019）	国家市场监督管理总局 发布	2020 年 3 月 31 日
	其他计量技术 规范	吸油烟机测试装置校准规范（规范编号：JJF<机械>1033-2019）	工业和信息化部发布	2019 年 12 月 1 日

在认可领域，形成了以《中华人民共和国认证认可条例》为主干，由法律、行政法规、部门规章和行政规范性文件组成的四个层级法律法规体系。

第一个层级由法律构成。中国暂未出台专门的国家认可法，不过，《中华人民共和国计量法》《中华人民共和国产品质量法》《中华人民共和国进出口商品检验法》和《中华人民共和国食品安全法》等现行有效的法律文件均涉及认可工作。

第二个层级是行政法规，包括《中华人民共和国认证认可条例》和《医疗器械监督管理条例》等。

第三个层级是部门规章，包括《进出口玩具检验监督管理办法》和《进口可用作原料的固体废物检验检疫监督管理办法》等。

第四个层级是行政规范性文件，即认可规范。认可规范是认可规则、认可准则、认可指南和认可方案文件的总称。中国合格评定国家认可委员会现已出台了认证机构认可、审定与核查机构认可、实验室认可和检验机构认可的认可规范。譬如，截至 2022 年 6 月底，认证机构相关认可规则包括 CNAS-RC01：2020《认证机构认可规则》、CNAS-RC02：2019《认证机构认可资格处理规则》、CNAS-RC03：2013《认证机构信息通报规则》、CNAS-RC04：2022《认证机构认可收费管理规则》、CNAS-RC05：2017《多场所认证机构认可规则》、CNAS-RC06：2006《对软件过程及能力成熟度评估机构的认可程序规则》、CNAS-RC07：2017《具有境外场所的认证机构认可规则》和 CNAS-RC08：2018《温室气体审定和核查机构认可规则》等 65 份文件。在合格评定领域，我国形成了以《中华人民共和国认证认可条例》为核心，若干合格评定行政法规、部门规章及技术规范为补充的法律法规体系。

市场监管领域针对产品的质量监督，大抵形成了以《中华人民共和国产品质量法》《中华人民共和国消费者权益保护法》《中华人民共和国食品卫生法》为代表，涉及人身生命财产安全的各个方面和行业的监管法为补充的法律法规体系。此外，在技术性贸易措施法规体系方面，目前尚未明确制定专门的技术法规，中国符合 WTO/TBT 和 WTO/SPS 协议所指的技术法规概念特征的法律法规，散见于法律、行政法规和部门规章等强制性执行的规范性文件之中。强制性标准是技术法规的组成要素，也是市场监管法律体系的重要组成部分。

二、印度质量基础设施相关法律法规概述

印度的法律法规分为需要议会决议通过的法案法令及各部委自行颁布的法规及衍生条例。

标准与合格评定方面，1986 年 12 月颁布的第 63 号法令——《印度标准局法（1986）》作为印度管理标准及认证的基本法律，规定了印度标准局的设立、机构及职能等。2016 年，《印度标准局法（2016）》出台，取代了《印度标准局法（1986）》。依据新法案，印度标准局调整了其机构政策，改革合格性评定程序，扩大合格评定方案类型及适用范围，加强了产品监管。《印度标准局（认证）条例》《印度标准局（标志）条例》《印度标准局（合格评定）条例》《印度标准局（合格评定）修订条例》等配套法规、条例也相继出台。

计量方面，2010 年出台的《法定计量法（2009）》制定和执行度量衡标准，按度量衡来规范货物贸易和商业。该法取代了《度量衡标准法（1976）》及其 1985 年的执行法案。依据《法定计量法（2009）》，《法定计量计数规则》《法定计量（包装商品）规则》《法定计量通则》《法定计量（国家标准）规则》《法定计量（型号审批）规则》《法定计量（包装商品）修订条例》等一系列法规与条例相继出台。

市场监管方面，印度监管部门出台法规、指令，为市场监管工作提供法律保障。例如，在食品安全领域，印度通过《食品安全和标准法（2006）》及其配套实施的《食品安全和标准（食品标准和食品添加剂）》《食品安全和标准操作法规（进口食品）》等一系列法规、指令，共同建立起食品安全法律法规体系，完善了食品安全监管手段与责任机制。

三、巴基斯坦质量基础设施相关法律法规概述

巴基斯坦在联邦层面颁布的质量基础设施基本法律法规情况如下：

标准领域的法律法规分为两类，一是与标准技术管理与服务部门相关的法律法规。围绕巴基斯坦国家标准机构巴基斯坦标准与质量控制局开展标准相关工作而颁布的法律法规，包括《巴基斯坦标准与质量控制局法案（1996）》（及 2019 年修订法案）《巴基斯坦标准条例（2008）》《巴基斯坦标准与质量控制局服务条例（2015）》。二是由各行业监管部门颁布的法规条例。譬如，为了规范和完善移动设备的监管机制，巴基斯坦建立起基于《巴基斯坦电信重组法（1996）》形成的《型式许可技术标准条例（2021）》。

计量领域的法律法规分为联邦和省级两大层级。中央联邦层面，2022 年 1 月，巴基斯坦国民议会通过《巴基斯坦国家计量研究所法（2020）》。自此，《度量衡（国际制）法案（1967）》及其配套实施的《度量衡（国际制定）法规（1974）》等法律法规文件均予以废止。在省级层面，二十世纪六七十年代，巴基斯坦各省依据《度量衡（国际制）法案（1967）》纷纷出台了省级度量衡（国际制）实施法规，随着《度量衡（国际制）法案（1967）》的废止，《巴基斯坦国家质量政策（2021）》也将制定新的省级法定计量法律法规工作提上了日程。

认可与合格评定领域的法律法规主要包括《巴基斯坦国家认可委员会法（2017）》《巴基斯坦合格评定条例（2011）》《检验机构（注册与管理）法规（1981）》《检验机构（注册与管理）条例（1981）》和《巴基斯坦清真管理局法（2016）》等。

市场监管领域，巴基斯坦尚未出台专门的监管法律法规。有关政府市场监

管职能的规定散见于合格评定主管机构（巴基斯坦标准与质量控制局）和各行业行政主管部门的相关法律法规文件之中。其中，赋予合格评定主管机构市场监管权力的法律法规文件为《巴基斯坦标准与质量控制局法案（1996）》。

四、中、印、巴法律法规比对分析

（一）共性

按照联合国工业发展组织对国家质量政策中的法律框架的定义，质量基础设施的法律框架应包括标准化法、计量法、法定计量法、认可法、技术法等相关立法。中、印、巴三国皆建立了质量基础设施的适当法律框架，包含上述相关立法，但明显质量基础设施法律法规体系不够完善，还缺乏协调各部委和质量基础设施机构的所有技术监管活动的更高层级的规范框架。同时，三个国家的质量基础设施相关法律法规中均存在着不同程度的要素交叉。

（二）差异性

1. 完善程度

我国质量基础设施的核心法律框架是以《标准化法》《计量法》《认证认可条例》《特种设备安全法》《产品质量法》等为主，各相关业务条块的主管部门依据行业或专业领域相关法律法规，履行其管理质量基础设施体系的职能与责任。整个质量基础设施法律体系更为庞大，框架更为完善，涉及质量基础设施的法律法规依据众多。

印度和巴基斯坦的情况十分类似，标准、计量、认可与合格评定领域的法律法规与各行业监管部门出台的法规指令配套运行，建立起基本的质量基础设施法律框架。印度和巴基斯坦具有基本法律法规体系，出台的质量基础设施相关的立法不多，市场监管方面的专有法律法规尤为缺乏。

虽然我国的法律体系较为完善，但是相关立法内容的科学性有待加强，现有法律法规难以为质量基础设施的体系化建设和高效率运行提供周全的法制保障；而印度、巴基斯坦具有基本法律体系，虽然立法不多，但可以看出，其法律框架体系更贴近于发达国家质量基础设施的最佳实践，注重政府与市场的良好互动。

2. 要素的交叉性

中、印、巴三国质量基础设施相关法律法规中，均存在要素交叉现象，只是中国为文本内容交叉，印度与巴基斯坦还涉及机构本身的职能交叉。

譬如，在标准领域，中国方面，国家标准化法中涉及市场监管法律责任。《中华人民共和国标准化法》第三十六条明确了企业产品、服务违反标准应当承担民事责任的规定，《中华人民共和国标准化法实施条例》第三十三条中详细列出了相应的追责措施。《中华人民共和国标准化法》第三十七条和《中华人民共和国标准化法实施条例》第三十三条，说明了关于产品、服务违反强制性标准所应当承担行政责任、刑事责任。

与中国不同，印度和巴基斯坦均未出台专门的国家标准化法，而是以颁布国家标准机构法的形式作为国家标准机构建立的立法依据，并据此明确国家标准机构的组织职能，这也符合国际社会通过立法建立职能机构的惯例做法。国家标准机构法《印度标准局法（2016）》《巴基斯坦标准与质量控制局法案（1996）》中涵盖了合格评定部分内容。为落实法案中赋予的国家标准机构的合格评定管理权，印度和巴基斯坦还进一步分别制定了《印度标准局（合格评定）条例（2018）》《巴基斯坦合格评定条例（2011）》及相关修订版本，对认证管理进行了规范。由此可见，印巴两国的国家标准机构法确定其国家标准机构不但行使国家标准化管理职能，而且还享有合格评定、市场监管权力。因此，这种机构职能的交叉性，与中国标准化法涉及有关其他部门开展市场监管工作的规定的内容交叉性，是完全不同的两种性质。

第四节　管理机制比较分析

本节将以中、印、巴三国的管理机制为研究对象，从整体层面的行政框架、机构性质与关系、质量基础设施结构等方面进行梳理和比对；再从质量基础设施构成要素，即标准、计量、认可和合格评定维度的关键细节进行比对（见表3.8）。

一、整体层面对比

（一）质量基础设施体系行政架构

1. 中国

我国质量基础设施体系的最高行政主管部门是国家市场监督管理总局。国家市场监督管理总局内设标准创新管理司、标准技术管理司、认证监督管理司、认可与检验检测监督管理司、计量司等部门，负责统一管理、监督和综合协调全国标准、认证认可与计量工作。与此同时，国家市场监督管理总局对外保留国家标准化管理委员会、国家认证认可监督管理委员会的牌子，审议并发布政策、管理制度、规划、公告等重要文件，代表国家参加国际组织活动，牵头承担协调机制等工作。中国质量基础设施行政框架如图3.4所示。

表 3.8　中、印、巴管理机制比对分析

比对维度	比对指标			共同点	不同点
管理机制	整体层面	体系行政架构	归口部门	遵照国际良好实践对本国NQI体系进行设计或改革；设立标准、计量、认可等机构；机构职责或提供的服务大同小异	中国：归口单一；国家市场监督管理总局 印度：多个主管部门；消费者事务、食品与公共分配部、商工部、科学与工业研究部等 巴基斯坦：中央单一；科技部
			机构协调性		中国：质量基础设施机构与贸易产业部门缺乏衔接 印度：整体架构的适应性与协调性尚不明确 巴基斯坦：技术法规变更不透明、机制不畅；协调性较中国更为欠缺
			实施机制与协调措施		中国："统一管理，共同实施" 印度：未见机构间协调；各利益相关方参与的委员会制度 巴基斯坦：各利益相关方参与的委员会制度
		机构性质与关系		政府主导性质	中国：行政管理+技术支撑；技术支撑机构服务于行政管理机构 印度：部委授权的自治法人机构；机构既有行政管理的权利，又提供技术支撑服务 巴基斯坦：兼具技术服务职能和行政管理职能
		成员构成		国家公共机构、政府部委	中国：机构自身行政管理或技术工作人员；没有体制外部成员的参与 印度：委员会成员结构多元化 巴基斯坦：政府部委成员
		机构结构		NQI要素高级别机构组成；根据国情需要划分要素领域的职能	中国：标准、计量、认可与合格评定服务机构独立设立、分开运行 印度与巴基斯坦：机构职能组合；协同性效果
		央地关系	严密程度	中央与地方都设立了相应机构构成全国体系	中国：中央到地方体系庞大、严密 印度与巴基斯坦：体系较中国更松散
			职责职能		中国：业务指导联系；条块化、区域性管理特点 印度与巴基斯坦：除法定计量以外大多数没有严格的区域层级划分，中央与地方并非业务指导关系，技术机构按需求来设立分支机构
		标准维度		都有国家、行业、企业标准；国家标准制修订主体是技术委员会组成；委员会成员来自各利益相关方	中国：有地方标准 印度与巴基斯坦：无地方标准 中国:标准层级多,制修订主体多样;制修订主体——技术委员会成员构成与印巴不同 印度与巴基斯坦：技术委员会成员有消费者团体的代表

表3.8(续)

比对维度	比对指标			共同点	不同点
管理机制	关键要素	认可与合格评定维度	评定依据	等同采用合格评定系列国际标准	—
			类别与流程	大体类别与申请流程基本一致	—
			体系制度完善性		中国：认证认可制度较印巴更为完善 印度、巴基斯坦：建有基本体系制度
			服务能力与发展水平		中国：认证认可服务范围更广；发展水平处在新兴经济体国家的前列 印度与巴基斯坦：诸多领域缺乏相应能力，大多由海外认可与合格评定机构开展；发展水平不如我国
			检验检测机构资质认定制度		中国：特有的制度体系；两套体系并行 印度与巴基斯坦：只有国际通用的认证认可制度
		市场监管维度	监管主体数量	设置相关职能机构负责市场监管工作；监管方式手段亦包括事前与事中事后规管	中国：机构众多 印度与巴基斯坦：主体机构数量少于我国
			监管体系完善性		中国：形成较完善的部门协同、上下联动的监管体系 印度与巴基斯坦：体系还不够完善，缺乏市场监管的中央协调监管体系；机构职能分散；存在大量监管空白地带；以传统型事前监管为主
			监管程序复杂性		中国：简化监管程序；事前为主转向更注重事中事后监管 印度与巴基斯坦：仍以传统型事前监督为主；对事前监管设置繁杂的程序；对事中事后的监管力度却十分不足

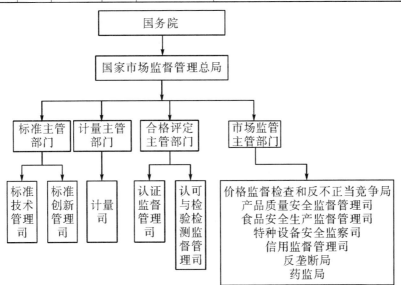

图 3.4　中国质量基础设施行政框架

2. 印度

印度国家质量基础设施的行政主管部门主要有印度消费者事务、食品与公共分配部，印度商工部及印度科学与工业研究部等。印度消费者事务、食品与公共分配部下设法定计量司，同时设立印度标准局和国家测试所等技术机构。印度商工部下属产业政策与促进部设有印度质量理事会，负责认可管理与协调工作，印度质量理事会下又设有认可委员会，具体负责开展专业领域的认可工作。印度国家物理实验室隶属印度科学和工业研究部，负责本国的科学计量工作。印度质量基础设施行政框架如图 3.5 所示。

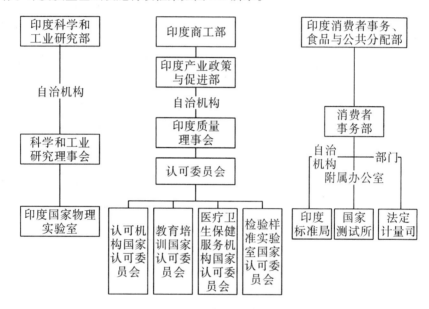

图 3.5　印度质量基础设施行政框架

3. 巴基斯坦

巴基斯坦国家质量基础设施的行政主管部门是巴基斯坦科技部。巴基斯坦科技部下设巴基斯坦标准与质量控制局、巴基斯坦国家认可委员会和巴基斯坦国家物理与标准实验室。其中，巴基斯坦标准与质量控制局负责巴基斯坦国家标准、合格评定和质量监管工作；巴基斯坦国家物理与标准实验室负责本国科学计量事务；巴基斯坦国家认可委员会负责合格评定机构的认可工作。巴基斯坦质量基础设施行政框架如图 3.6 所示。

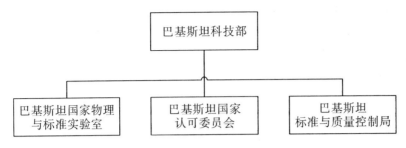

图 3.6 巴基斯坦质量基础设施行政框架

4. 中、印、巴比对分析

（1）共性。

中、印、巴三国基本都是遵照国际良好实践对本国质量基础设施体系进行设计或改革，以获得国际承认。各国政府按照本国国情依据其行政架构设立标准、计量、认可等机构，这些机构的组织方式为单独或一体化组织，机构职责大同小异。

（2）差异性。

①归口主管部门。

从归口主管部门单一性来看，我国的质量基础设施行政主管部门都归口在国家市场监督管理总局下。国家市场监督管理总局作为主管部门，肩负确定和分配实施质量政策的职责，监督政策实施的进程。巴基斯坦与中国类似，其标准、计量和认可机构都归口在巴基斯坦科技部下，国家质量政策由巴基斯坦科技部发布与统筹实施。但印度的质量基础设施体系由多个主管部门支撑，其质量政策如印度国家标准战略亦由多个部门共同实施。

②机构协调性。

国家行政主管部门统一协调质量基础设施活动。联合国工业发展组织发布的《国家质量政策——指导原则、技术指南和实践工具》中指出，"应指定一个具体部门作为主管部门以监督政策实施的进程"，同时，为了获得所有相关政府部门的支持，主管部门需要建立一个由相关部委和质量基础设施机构代表组成的部际协调委员会，以确保相关机构之间进行充分且毫无保留的合作。

以技术性贸易措施的机构协调为例，我国的国家市场监督管理总局、海关总署及商务部都涉足世界贸易组织技术性贸易措施事务，尤其是商务部，其主要负责贸易与产业事务，但与质量基础设施机构缺乏衔接。巴基斯坦商务部是世界贸易组织技术性贸易措施的协调机构，需负责执行 WTO/TBT 和其他双边或多边贸易协定，但唯一的技术性贸易措施咨询点设在巴基斯坦标准与质量控制局，质量基础设施活动并未统一协调，常有技术法规变更未通知 WTO 的情况，统一协调性方面较中国更为欠缺。由于印度有多个质量基础设施的主管部门，技术性贸易措施咨询点设在印度标准局（非电信）及印度电信工程中心（电信），技术法规变更通报WTO滞后或未通知的情况时有发生，其整体架构上的协调性和适应性尚不明确。

③实施机制与协调措施。

从机构整体实施机制与协调措施来看，我国是按照"统一管理，共同实施"原则，建立了以国家市场监督管理总局作为牵头部门，相关部委和单位组成的部际联席会议并作为议事协调机构。各部委均有代表参与部级联席会议。印度质量基础设施体系框架中分设不同的主管部门，未见更高级别的协调机构，主管部门间的协调机制不明确，但在其机构内部设立委员会制度，其委员会成员均来自各利益相关方。巴基斯坦科技部下设国家标准、计量、认可与合格评定主管机构，在主管机构内部设立管理委员会，委员会成员来自各相关部委。《巴基斯坦国家质量政策（2021）》中，计划在商务部和纺织工业部下设技术法规协调办公室，监督技术法规框架的实施，疏通与国家质量基础设施机构的关系。此外，巴基斯坦联邦税收委员会现已搭建"巴基斯坦单一窗口"平台，通过该平台综合协调并呈现中央和地方行政监管部门政策，一定程度上避免了各部委的技术法规出现矛盾与分歧。

（二）机构性质与关系

1. 中国

我国的质量基础设施管理的机制是参照"苏联模式"建立起来的，条块管理、分级分段的特点比较突出。标准、合格评定、计量等质量基础设施管理仍是政府主导性质，由国务院批准成立的国家市场监督管理总局实行统一管理、分工负责的管理体制。

2. 印度

印度结合其特殊国情及发展特点，建立了本国的质量基础设施体系，在建立的过程中借鉴了欧美国家的做法，虽然质量基础设施技术服务机构是独立法人的自治机构，但就其人员构成及与政府主管部门的关联来判断，仍然是政府主导性质。

3. 巴基斯坦

目前，巴基斯坦的标准、计量、认可与合格评定等质量基础设施行政管理与技术服务机构均隶属于巴基斯坦科技部，同样也具有政府主导性质。

4. 中、印、巴比对分析

（1）共性。

整体机构性质来说，中、印、巴三国的质量基础设施机构均表现出政府主导的特性。

（2）差异性。

中、印、巴三国政府部门与质量基础设施机构之间的关系与权责不同。我国的质量基础设施机构分为行政管理与技术支撑两套系统，技术支撑机构服务于行政管理机构。巴基斯坦质量基础设施机构兼具了技术服务和行政管理职能。印度的质量基础设施机构是由政府部门授权的自治法人机构，拥有行政管理权，并提供技术支撑服务。

（三）机构成员构成

1. 中国

我国质量基础设施的行政管理部门和技术支撑机构都是由各部门或机构的行政工作人员或业务人员组成的。组织体系方面，除了质量基础设施机构以外，还按照"统一管理，共同实施"原则，建立了以国家市场监督管理总局为主管部门、相关部委和单位组成的部际联席会议，该会议作为议事协调机构。例如，全国认证认可工作部际联席会议制度成员单位包括国家发展计划委员会、国家经济贸易委员会、科技部、信息产业部、对外贸易经济合作部等18个部门；国务院标准化协调推进部际联席会议由现国家市场监督管理总局、中央网信办、发展改革委等39个部门和单位组成。

2. 印度

印度标准局委员会由代表中央和邦政府、产业界、科研机构、消费者组织和专业团体的27名代表组成，其中包括印度标准局上级主管部门消费者事务、食品及公共分配部的中央部长、邦部长、秘书长。同样，印度质量理事会由来自政府、产业界和消费者组织的38名成员组成的委员会管理。

3. 巴基斯坦

巴基斯坦质量基础设施机构设有委员会制度。譬如，巴基斯坦国家认可委员会理事会主席、副主席来自巴基斯坦科技部，其他理事会成员来自商务部、工业部、国家食品安全与研究部等各个部委。

4. 中、印、巴比对分析

（1）共性。

中、印、巴三国的国家质量基础设施机构均属于国家公共机构，机构成员多由行政和技术人员组成。

（2）差异性。

我国无论是常规的质量基础设施机构还是部际联席工作会议，都主要由该机构自有工作人员组成。巴基斯坦质量基础设施机构设有委员会制度，但其机构成员与我国类似，主要来自政府各部门。印度质量基础设施的主管部门及其他部门之间还未见形成独立的协调机制，但机构中存在委员会制度，其成员结构更加多元化。

（四）机构结构

质量基础设施体系是措施、机构、组织、活动与人员的集合体。其关键机构是由负责标准化、计量和认可的高级别机构组成。在质量基础设施体系中，标准化通常是国家标准机构的责任，该机构可以代表国家在国际组织中的利益，可以参与对本国经济至关重要的国际标准的制定工作；计量是关于测量的科学，缺乏计量企业就不能生产出具有标准化特征的产品；认可则是正式承认某一机构或个人有能力执行特定任务的过程，通常是国家认可机构的责任，国家认可机构负责评估产品、管理体系和人员机构、测试实验室和检验机构的能力的认可。优化质量基础设施体系尤其应该考虑质量基础设施结构的划分。

关于特定国家质量基础设施独立或合并的问题已经形成了良好的国际惯例，但根据各国政策、惯例与资源的限制，其组合结构形式有多种可能。然而，组合形式会引起的利益冲突应予以避免。标准、计量、认可、合格评定服务机构可被独立设立，也可组合设立。[①]

组合 A：国家标准机构与科学计量。

组合 B：国家标准机构与合格评定服务。

组合 C：国家标准机构与认可职能。

组合 D：科学计量与法定计量相结合。

1. 中国

中国的标准、计量、认可与合格评定服务机构是独立设立、分开运行的。国家标准化管理委员会、国家认证认可监督管理委员会、中国合格评定国家认可委员会分工负责标准、认可与合格评定工作。值得一提的是，中国合格评定国家认可委员会是国家认证认可监督管理委员会批准设立并授权的唯一国家认可机构，统一负责实施对认证机构、实验室和检验机构等相关机构的认可工作。除中国合格评定国家认可委员会以外，中国还有计量认证资质认定（CMA）等行政许可。CMA 是我国在采用国际认可制度之前沿用"苏联模式"的自有制度，是强制性的国家和省级的两级认定，也是法制计量管理的重要工作内容之一。中国合格评定国家认可委员会与计量认证资质认定评审依据大都修改采用或等同采用 ISO/IEC 17025，目前我国采取的是两套体系并行的方式。

2. 印度

印度的标准、计量、认可与合格评定服务机构之间有职能组合。印度质量

---

① 中国计量科学院. 国家质量政策——指导原则、技术指南和实践工具［M］. 北京：中国标准出版社，2019

基础设施体系框架结构如图 3.7 所示。印度质量理事会既是国家认可机构又是标准制定机构，负责对合格评定机构进行认可，为部门建立和实施国家认可项目，同时也负责制定认可标准。印度标准局作为国家标准机构，不但负责制定印度国家标准，而且还提供合格评定服务。由此可见，印度在搭建质量基础设施体系上，考虑了组合 B 国家标准机构与合格评定服务相结合的方式，质量基础设施要素之间可能产生协同作用。

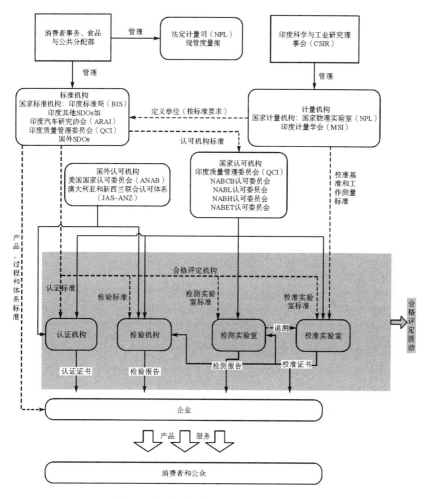

图 3.7　印度质量基础设施体系框架结构

3. 巴基斯坦

巴基斯坦科技部统一管理标准、计量、认可和合格评定等国家质量基础设施机构。巴基斯坦国家标准机构巴基斯坦标准与质量控制局既是国家标准管理部门，又负责强制性产品认证管理和检验机构注册管理工作，同时还具备一定的市场监管职能。巴基斯坦国家物理与标准实验室作为巴基斯坦国家计量研究机构，负责维护参考标准和二级标准，对省政府检验员的工作标准进行年审和检验工作。而巴基斯坦标准与质量控制局负责制定国家度量衡标准；与国际计量局、国际法定计量组织进行协调。在巴基斯坦质量基础设施体系中，同样是考虑了组合B的方式，即国家标准机构与合格评定机构相结合，质量基础设施体系框架见图3.8。

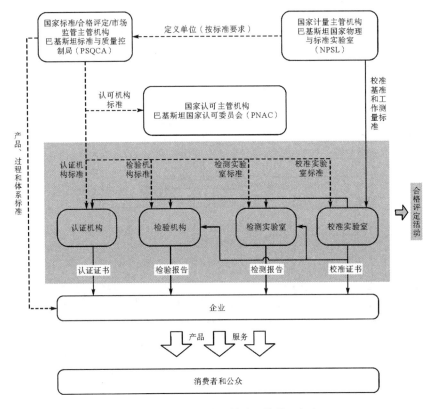

图3.8　巴基斯坦质量基础设施体系框架

4. 中、印、巴比对分析

（1）共性。

中、印、巴三国的质量基础设施体系都是由负责标准、计量和认可的高级别机构组成的。

（2）差异性。

我国从中央到地方的各级政府依法建立标准、认可与合格评定、计量等行政管理部门，并设立了各级技术机构，行政部门与技术机构相互依存、相互促进。我国质量基础设施机构虽由国家市场监督管理总局统筹，但机构之间皆单独运作，横向融合程度低，产生的协同作用较小。

与中国相比，印巴两国对质量基础设施机构的统筹方式不同，并且在机构职能的交叉性方面与我国存在明显的差异。其中，巴基斯坦标准与质量控制局既是国家标准管理部门，又负责合格评定工作，还负责一定的市场监管工作；印度标准局同样将国家标准机构的职能与合格评定服务机构的职能相结合。这种组合在职能上产生了更多协同作用的效应。

（五）央地关系

1. 中国

从行政管理层面上看，我国中央到地方各级政府都设置了标准、计量、检验检测和认证认可等统一的行政管理部门，中央、省、市、县等各级政府间通过业务指导形成联系；中央和地方有关行业行政主管部门根据行业发展需要，编制行业标准、监督实施计量行政法规和部门规章。

从技术支撑体系层面看，国家、省、市三级市场监管部门分别设立标准、计量、质检等技术机构。《全国专业标准化技术委员会管理办法》规定，国务院标准化行政主管部门（国家市场监督管理总局标准技术司）统一管理技术委员会工作；国务院有关行政主管部门、有关行业协会受国务院标准化行政主管部门委托，管理本部门、本行业的技术委员会，对技术委员会开展国家标准制修订及国际标准化普及等工作进行业务指导；省、自治区、直辖市人民政府标准化行政主管部门受国务院标准化行政主管部门委托，协助国务院标准化行政主管部门管理本行政区域内的技术委员会，为技术委员会开展工作创造条件。国家级计量机构包括中国计量科学研究院、区域国家计量测试中心、国家专业计量站；省、市、县三级计量技术机构通常包括同级计量院和各级专业计量站。质量检验检测技术体系包括国家、省、市、县四级，总局通过管理、授权支持各地建设国家质检中心；各省设立省级质检站，为省级监督抽查提供技术支持。

2. 印度

印度质量基础设施并不是由单个部委统一归口管理的。在标准与合格评定方面，印度标准局总部在印度首都新德里，在加尔各答（东部）、金奈（南部）、孟买（西部）、昌迪加尔（北部）和德里（中部）均设有地区办公室，下辖32个分支办公室，分别管理各自辖区内的标准及合格评定事务。印度质量理事会设在印度首都新德里，在国家层面下设四个认可委员会，未见地方分支机构。

在计量方面，印度在联邦层面设立法定计量管理部门即法定计量司，在地方层面设立法定计量办公室。技术服务机构印度国家物理实验室总部设在印度首都新德里，并根据业务需求形成三级实验室网络。

3. 巴基斯坦

联邦层面，巴基斯坦国家质量基础设施属于巴基斯坦科技部统一管理。地方层面，各质量基础设施技术服务机构根据业务需求，在地方设立办事处或分支机构。譬如，巴基斯坦标准与质量控制局下设的标准发展中心于卡拉奇、奎达、拉合尔、木尔坦、伊斯兰堡和白沙瓦6大地区设立了15所合格评定办事处，进行直接管理。

4. 中、印、巴比对分析

（1）相同点。

中、印、巴三国的质量基础设施体系在中央与地方都设立了相应的行政管理与技术服务机构。

（2）不同点。

①严密程度。

我国质量基础设施体系非常庞大，从中央到地方无论是行政管理部门还是技术支撑机构都有非常严密的体系；印度与巴基斯坦质量基础设施体系在中央与地方关系上相较中国更为松散。

②职责职能。

我国中央对地方通过业务指导形成联系，中央到地方的部门及机构呈现条块化、区域性管理的特点。印巴两国的央地关系大体一致，除法定计量以外大多数没有严格的区域层级划分，中央与地方并非业务指导关系，技术机构按需求来设立分支机构。

二、关键要素对比

下文拟从构成要素的关键要点出发，对中、印、巴三国的管理机制进行比对分析。

（一）标准方面

1. 中国

在标准体系方面，按照标准性质划分，中国标准分为强制性标准与推荐性标准；按照标准的适用范围划分，中国标准分为国家标准、行业标准、地方标准、团体标准和企业标准。

在标准制修订主体方面，标准化法赋予了国务院标准化主管部门、行政主管部门、地方政府部门、社会组织机构等制定标准的权力。具体而言，由国务院标准化行政主管部门组织制定国家标准；由国务院有关行政主管部门的行业标准归口部门统一管理制定行业标准；省、自治区、直辖市标准化行政主管部门组织制定地方标准；学会、协会、商会、联合会、产业技术联盟等合法注册的社会团体制定团体标准；由企业制定企业标准。

2. 印度

在标准体系方面，按照标准性质划分，印度标准分为强制性标准与自愿性标准；按照标准的适用范围划分，则分为国家标准、临时（暂行）标准、（行业）协会标准、企业标准。

在标准制修订主体方面，印度标准局是印度国家标准制修订的归口部门。印度标准局现有 16 个部门理事会，统领所有技术委员会工作，制修订印度国家标准。印度标准制定机构在各自专业领域制定标准和技术法规，印度标准局通过认可印度标准制定机构来将其制定的部分标准转化为印度国家标准。企业标准则由企业自行制定。

3. 巴基斯坦

巴基斯坦的标准体系分为国家标准、行业标准和企业标准。巴基斯坦标准与质量控制局是国家标准制修订的归口单位，各行业国家标准委员会和技术委员会是巴基斯坦国家标准制修订的主体。据统计，巴基斯坦现有 12 个国家标准委员会和 144 个行业技术委员会。委员会成员多来自巴基斯坦联邦和省政府部门、工业制造商、商品零售商、消费者群体、科研机构和检测机构。巴基斯坦的行业标准由联邦各行政主管部门组织制定，企业标准则由企业自行制定。

4. 中、印、巴比对分析

（1）共性。

虽然中、印、巴三国标准层级数量不同，但都有国家、行业、企业标准。标准制修订主体是技术委员会，委员会成员来自各利益相关方。

（2）差异性。

中、印、巴三国的主要差异在于中国有地方标准，而印度与巴基斯坦的地方层面并不制定标准。

（二）认可与合格评定方面

合格评定对象是产品、过程、机构、体系或人员（直接面向市场），而认可的对象是从事检验检测和认证的机构（间接面向市场）。国际标准化组织合格评定委员会（ISO/CASCO）的合格评定工具箱包含了认证认可领域的系列国际标准与指南，主要涉及：合格评定的通用词汇、原则、通用要求；合格评定良好实践准则、认证、认可、检验检测校准、符合性标志、多边互认协议等。

1. 中国

依据国际规则和中国国情，中国建立了国家认可制度、强制性与自愿性相结合的认证制度，全面涵盖了认证认可检验检测活动。中国按照"统一管理，共同实施"原则，建立了以国家认证认可监督管理委员会作为主管部门，相关部委和单位组成的部际联席会议作为议事协调机构，全国各地认证监管部门作为执法监督主体，认证认可检验检测机构作为实施主体的组织机构体系。

2006 年 3 月，原中国认证机构国家认可委员会和原实验室国家认可委员会合并，正式成立了中国合格评定国家认可委员会。根据《中华人民共和国认证认可条例》的规定，国家认证认可监督管理委员会批准设立并授权中国合格评定国家认可委员会作为唯一的国家认可机构，统一负责对认证、检验检测等机构的认可工作。我国认可与合格评定组织管理体系架构如图 3.9 所示。

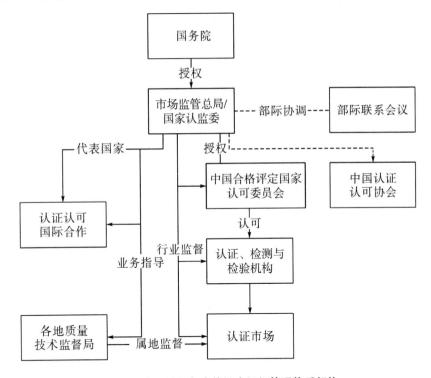

图 3.9 中国认可与合格评定组织管理体系架构

（资料来源：全国认证认可标准化技术委员会. 合格评定在中国［M］. 北京：中国标准出版社，2018.）

国家认证认可监督管理委员会管理中国合格评定国家认可委员会和中国认证认可协会。中国合格评定国家认可委员会主要涉及机构资质的认可，而中国认证认可协会主要涉及机构的人员资质的认可。截至 2022 年 7 月 31 日，中国合格评定国家认可委员会累计认可各类认证机构计 226 家，分项认可的认证机构数量合计 851 家，涉及业务范围类型 12 279 个；累计认可实验室 13 772 家，其中检测实验室 10 788 家、校准实验室 1 680 家、医学实验室 590 家、标准物质/标准样品生产者 28 家、能力验证提供者 101 家、实验动物机构 13 家、科研实验室 4 家；累计认可检验机构 758 家。

2. 印度

印度的合格评定体系分为认可与合格评定。印度商工部下设认可主管机构即印度质量理事会，负责印度认可的协调管理，其下又设有四个认可委员会，分别是印度认证机构国家认可委员会、印度检测校准实验室国家认可委员会、印度医疗和卫生保健服务机构国家认可委员会、印度教育培训国家认可委员会。这四个国家认可委员会在各自的专业领域，分别开展认可工作。

印度消费者事务、食品与公共分配部下设印度标准局，负责开展合格评定活动。跨国合格评定机构提供的合格评定服务对印度的合格评定体系进行必要补充，以满足不同类型的合格评定需求。除此之外，还有一些印度私营合格评定机构为茶叶、丝绸、有机产品、药用植物等特定产品提供合格评定。

截至 2022 年 7 月底，经印度认证机构国家认可委员会认可的合格评定机构 264 家。[1] 截至 2022 年 1 月底，印度检测校准实验室国家认可委员会提供认可超过 7 000 个，其中检测实验室超过 3 700 家，约占 52%，医学实验室超过 2 350 家，约占 33%，校准实验室超过 880 家，约占 12%，其余还包括若干能力测试供应商和参考材料供应商等。[2]

3. 巴基斯坦

巴基斯坦科技部下设有认可主管机构巴基斯坦国家认可委员会和合格评定主管机构巴基斯坦标准与质量控制局。巴基斯坦国家认可委员会负责开展认证机构、实验室和检验机构认可活动；巴基斯坦标准与质量控制局负责开展认证、检验检测活动。

巴基斯坦国家认可委员会提供检测和校准实验室的认可（ISO/IEC 17025）、医学实验室的认可（ISO 15189）、认证机构的认可（ISO/IEC 17021）、清真认证机构的认可（PS 4992）、检验检测机构的认可（ISO/IEC 17020）、能力验证提供者的认可（ISO/IEC 17043）、产品认证机构的认可（ISO/IEC 17065）和人员认证机构的认可（ISO/IEC17024）这 8 方面的认可服务。2022 年 8 月，巴基斯坦国家认可委员会认可且在认可有效期内的检验机构计

---

① 参考印度认证机构国家认可委员会的网站 http://www.nabcb.qci.org.in.
② 参考印度检测校准实验室国家认可机构的网站 http://www.nabl-india.org.

14 家、检测和校准实验室计 229 家、认证机构 10 家、清真认证机构 8 家、产品认证机构 1 家、人员认证机构 1 家、能力验证提供者 4 家和医疗实验室 26 家。[①]

巴基斯坦标准与质量控制局同时提供强制性产品认证和自愿性认证、管理体系认证和产品检测服务。与此同时，巴基斯坦标准与质量控制局也是入境产品质量监管机构及进出口货物装运前检验机构的注册与管理机构。巴基斯坦标准与质量控制局官网显示，经该局注册登记的检验机构计 42 家。[②]

4. 中、印、巴比对分析

（1）共性。

①认可与合格评定依据。

中、印、巴三国都等同采用 ISO/IEC 17000《合格评定词汇和通用原则》，ISO/IEC 17011《合格评定认可机构通用要求》，ISO/IEC 17021《合格评定管理体系审核认证机构要求》，ISO/IEC 17065《合格评定产品、过程和服务认证机构要求》，ISO/IEC 17025《检测和校准实验室的能力要求》，ISO/IEC 17020《合格评定各类检验机构的能力要求》等合格评定工具箱的国际标准，建立起本国的国家认可与合格评定体系。

②认可与合格评定类别与流程。

中、印、巴三国的认可与合格评定大体类别与申请流程基本一致。认可类别按照认可对象划分，通常包括认证机构认可、实验室认可和检验机构认可等。认可流程一般为：认可申请、申请评估、认可评审、认可决定、复评与监督。认证类别按照认证对象划分，通常包括产品认证、体系认证和服务认证等；从法规性质上看，可分为自愿性认证和强制性认证。认证流程一般为：认证申请、申请评审、认证评价、认证决定、证后监督、再认证。

（2）差异性。

①认可体系制度的完善性

中、印、巴三国的认可制度与类别虽然都包含了认证机构、检验机构及实验室三大认可门类，但中国最新推出了第四大门类：审定与核查机构。中国合格评定国家认可委员会认可制度体系详见图 3.10。此外，印度、巴基斯坦与中国的认证认可体系制度在完善程度上也存在差异。从中国合格评定国家认可委员会认可制度图可以看出，在认证机构认可、检验机构认可、审定与核查机构认可、实验室认可四项类别下，还细分为 15 项基本认可、38 项专项认可、49 项分项认可。较印度、巴基斯坦而言，我国的认证认可制度较为完善。

---

① 参考巴基斯坦国家认可委员会的网站 https://pnac.gov.pk/.

② 参考巴基斯坦标准与质量控制局的网站 https://psqca.gov.pk/registration-of-inspection-agencies/list-of-registered-inspection-agencies/.

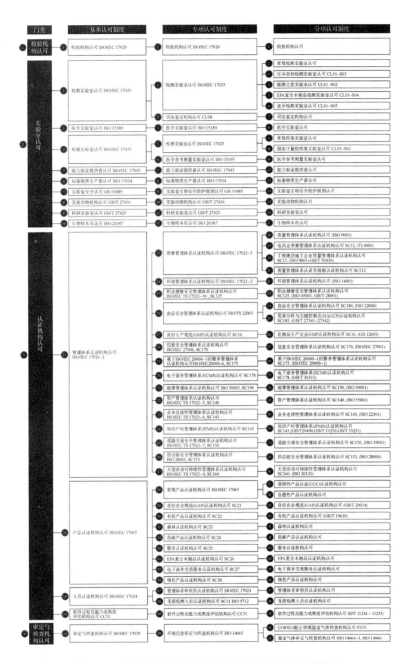

图 3.10　中国合格评定国家认可委员会认可制度体系

（资料来源：中国合格评定国家认可委员会. CNAS-ASC01，2023 年 5 月第
25 次修订，https://www.cnas.org.cn/rkgf/cnasrkgfwjqd/cnasrkzdtxb/04/88984
3.shtml.）

②认可与合格评定服务能力与发展水平

在认可与合格评定服务能力方面，较印度、巴基斯坦而言，我国提供的认可与合格评定服务获得 ISO/IEC 认可的范围更广。在电信、航空航天等诸多领域，印巴两国的机构还缺乏相应能力，大多由海外认可与合格评定机构开展认证认可工作。在认可与合格评定发展水平方面，我国的认证认可发展水平处在新兴经济体国家的前列，已形成相对完善的认证认可体系，但与主要发达国家相比还存在一定的差距。而印度和巴基斯坦的认证认可水平不如我国，它们只是基本建立了认证认可体系。

③检验检测机构资质认定制度

目前，除上述中国合格评定国家认可委员会认可制度外，我国还存在另一项基本许可制度，即检验检测机构资质认定制度。国家市场监督管理总局（原国家质量监督检验检疫总局）颁布的《检验检测机构资质认定管理办法》，以规章形式确立了检验检测机构资质认定制度。国家市场监管总局认证认可监督管理委员会和省级监管部门依据有关法律法规和标准的规定，对检验检测机构的基本条件和技术能力是否符合法律法规要求进行评价许可。而印度和巴基斯坦仅有一套借鉴国际通行做法的认可制度。

（三）市场监管方面

市场监管是指由立法所确定的、为实现监管目标而对市场主体及其行为实施制约的组织体系和作用机制。①

1. 中国

（1）监管体系。

我国正式意义上的现代市场监管起源于 20 世纪 90 年代。随着工商行政管理、质量监督和检验检疫、食品药品监督管理等部门纷纷升格或组建，我国市场监管体系初步形成。2018 年 3 月，第十三届全国人大一次会议审议通过的国务院机构改革方案，基本确立了中国市场监管机构改革的整体框架（见图 3.11），形成了在国务院的统一领导下，由国家市场监督管理总局、中国海关总署、各行政主管部门共同执行市场监管的主体框架（见图 3.12）。

（2）监管方式。

市场监管主要方式包括准入监管如行政许可、审批、合格评定等，以及事中事后监管如监督认证、监督检查等，对于违反产品质量相关规定的市场主体，市场监管对其进行惩罚的手段以行政处罚为主，司法制裁为辅。行政许可

---

① 吕长城. 当前我国市场监管体制改革的行政法治检视 [J]. 中国行政管理，2017（4）：5.

通常通过颁发许可证、执照等形式，依法赋予市场主体从事生产经营活动的资格与权利。合格评定通过专业领域技术评价手段来规范市场主体行为，保护消费者安全。监督检查是质量市场监管的关键环节，具体包括日常监督检查、产品质量统一检查、专项检查、联合检查、随机抽查等方式。随着监督检查工作的不断开展，中国也在不断创新监管方式，启动"双随机、一公开"监管手段，防范市场活动的过程性风险。2019年，国务院以政策的形式进一步要求加快健全以"双随机、一公开"监管为基本手段、以重点监管为补充、以信用监管为基础的新型监管机制。

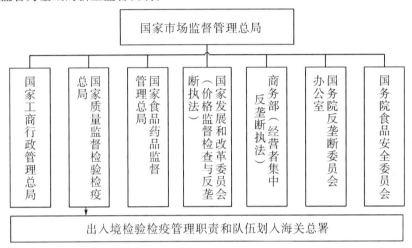

图 3.11　中国市场监督管理总局机构改革框架

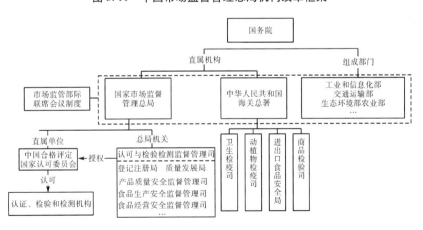

图 3.12　中国国家层面的市场监督管理机构组织结构

2. 印度

（1）监管体系。

当前印度尚未形成一套中央统筹协调的市场监管体系。印度虽有市场监管的职能机构，但未设立统一的归口部门，市场监管手段以行政审批与合格评定为主。市场监管的程序和责任多数取决于受监管的产品。比如印度标准局作为国家标准机构负责授予一般产品合格评定证书。印度通信署授权印度无线规划与协调局负责对进口和销售到印度市场的无线电设备进行合格评定。印度食品安全与标准局负责食品相关产品的监管。中央药品标准控制组织负责所有药品和原料药的批准上市。植物检疫局负责植物和农业相关产品进口的监管。这些行业部门或法定（委托）机构都具有市场监管职责。

（2）监管方式。

印度的市场监管方式主要包括认证监督与执法监督。认证监督确保产品符合印度标准，即市场准入与后续跟踪的监督检查。印度标准局、印度消费税和海关中央委员会及主管当局按照不同认证方案中的职责要求，落实相关认证监督检查工作。执法监督是由相关部委发布质量控制指令，指定适当的主管当局确保在没有获得必要认证的情况下不生产、储存或供应产品。如果产品或商品受到其他法案的管制，邦政府当局有时会与当地警察共同采取联合执法行动。

3. 巴基斯坦

（1）监管体系。

巴基斯坦并没有中央统筹协调的市场监管体系，市场监管工作以管制产品合格评定为主，机构职能较为分散。巴基斯坦标准与质量控制局监管强制性产品认证管理工作，各行业监管部门主要负责监管所辖范围内指定产品的质量。例如，国家食品安全与研究部对食品进行监管，巴基斯坦国家能效保护局对产品能效进行监管。巴基斯坦的出入境产品监管部门较为分散，即产品检验检测、动植物检验检疫、出入境产品有效期和产品分类工作分别由科技部下的巴基斯坦标准与质量控制局、国家食品安全与研究部下的动物检疫司和植物保护司、联邦税收委员会下的海关负责。巴基斯坦国家层面的市场监督管理机构组织结构如图 3.13 所示。

（2）监管方式。

巴基斯坦监管方式较少，主要有行政许可、认证监督、执法监督。

4. 中、印、巴比对分析

（1）共性。

无论是从市场监管主体还是从市场监管的手段方式来看，中、印、巴三国都有相关职能机构负责市场监管工作，其监管方式手段亦包括事前与事中、事后监管。

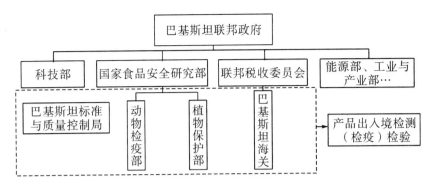

图 3.13　巴基斯坦国家层面的市场监督管理机构组织结构

（2）差异性。

①监管主体数量。

中国的监管机构众多，除国家市场监督管理总局以外，各部委均有负责监管职能的机构。而印度与巴基斯坦在监管机构数量上明显少于中国。

②监管体系的完善性。

中国实行的多主体的监督机制，已形成较完善的部门协同、上下联动的工作机制，在国家、省级、市级范围内协同完成市场监管工作。而印度与巴基斯坦的市场监管体系尚有待完善，部分领域仍处于监管空白状态，而且缺乏由中央统筹协调的市场监管体系。

③监管程序复杂性。

中国以往的监管程序繁杂，目前为加强经贸便利化，正在进行简化监管程序、减轻企业负担的改革，监管程序已由事前为主逐渐转向侧重事中、事后监管。印度与巴基斯坦仍以传统事前监管为主。事前监管的程序繁杂，而事中、事后的监管力度明显不足。

第五节　实践活动比较分析

为进一步加强国家质量基础设施建设与发展，积极与国际接轨，中国、印度和巴基斯坦纷纷开展大量国际国内实践活动。本节将对中、印、巴三国质量基础设施主管机构的国际国内实践活动进行比对分析。国内实践活动方面，下文将围绕机构能力建设、人才培养、标准发展情况 3 个维度开展比对分析；国际实践活动方面，将围绕参与国际组织情况、质量基础设施相关国际项目合作情况和双边、多边合作协议与互认情况等维度进行比对。具体的比例对分析见表 3.9。

表 3.9 中、印、巴实践活动比对分析

比对维度	比对指标		共同点	不同点
实践活动	国内实践活动	机构能力建设	重视机构能力建设和人才培养；积极开展标准制修订工作，并将国家标准与国际标准相协调	中国：更为突出，专业更齐全，覆盖面更广 印度：电子网络平台形式较为单一，存在融合发展趋势 巴基斯坦：能力相对较弱，以主管机构网站平台建设为主
		人才培养		中国：人才培养方式更多元化，涉及领域更宽，范围更广 印度：职业教育和培训更务实，注重培养专业技能人才 巴基斯坦：人才培养形式、内容相对简单，以开展学科建设和举办培训研讨为主
		标准发展情况		中国：标准制修订能力优于印度和巴基斯坦，且在某些优势领域主导制定国际标准 印度：暂未主导制定国际标准，国际采标率低于中国和巴基斯坦 巴基斯坦：暂未主导制定国际标准，国际采标率较高
	国际实践活动	参与国际组织情况	重视与国际接轨，积极参与国际组织、建立双多边合作机制、签署互认协议、参加国际合作项目	中国：加入质量基础设施相关的国际组织数量多于印度和巴基斯坦；更主动、更活跃，担任领导职务更多，发挥作用更大 印度：一方面积极向国际质量基础设施发展水平靠拢，另一方面也主动推动区域质量基础设施一体化工作 巴基斯坦：积极参与，"跟随"为主
		双多边合作与互认		中国：双多边合作协议签署数量多于印度和巴基斯坦；主导实施一些固定双边合作机制 印度：签署数量少于中国，多于巴基斯坦 巴基斯坦：签署数量最少
		国际项目合作情况		中国：以开展技术援助或以技术支持国的身份积极牵头协助他国建立健全国家质量基础设施 印度：既接受技术援助，也积极影响周边国家 巴基斯坦：以接受技术援助为主

一、国内实践活动

（一）机构能力建设

1. 中国

我国从中央到地方大力开展质量基础设施机构能力建设，在标准、计量、合格评定领域都取得了显著成效。一是筹建区域标准化研究中心、国家技术标准创新基地等一系列国家级质量基础设施研究智库与创新中心；二是构建标准信息、检测资源、认证监管等公共网络服务平台、质量基础设施一站式公共服务平台，提升了机构服务能力；三是大力投资建成国家质检中心、国家检测重点实验室、公共检验检测服务平台示范区等硬件基础设施，初步形成专业齐全、覆盖面广、服务高效的公共技术服务体系；四是在全国多地建立国际标准化人才培训基地，并拓展标准化援外培训项目。

2. 印度

在机构能力建设工作上，一是建立了国家标准信息中心，满足了工业、贸易、政府、研究人员和消费者的需要，其藏品包括来自全世界的大约 60 万项标准及 50 000 本技术书籍；二是建立了国家级培训中心，按照国际标准对技术及管理人员进行培训。除此以外，还有开展发展中国家国际培训课程，在标准化、质量和管理体系方面培训其他发展中国家的标准化工作人员；三是在全国建立了庞大的实验室网络，其中包括印度标准局的实验室网络、印度检测校准实验室国家认可委员会的实验室认可计划及印度国家物理实验室的测试和校准设施的国家协作计划等；四是搭建了质量基础设施线上平台、门户网站。例如，WTO/TBT 咨询点官方网站及时地对新制定或修订的技术法规和合格评定程序信息进行公布，现已实现企业在线信息反馈，另外还建立贸易门户网站和印度标准门户网站等。①

3. 巴基斯坦

在机构能力建设工作上，一是巴基斯坦设立了标准、计量、认可和合格评定机构管理平台，呈现质量基础设施领域的相关信息并提供技术服务；二是巴基斯坦政府通过公共领域发展项目（PSDP），支持质量基础设施相关机构购买实验室设备和开展其他软硬件基础设施建设；② 三是巴基斯坦标准与质量控制局、国家物理与标准实验室和巴基斯坦国家认可委员会等机构，面向公私机构

---

① 贸易门户网站由印度出口组织联盟（FIEO）管理，印度标准门户网站由印度工业联合会（CII）管理。

② 参考巴基斯坦标准与质量控制局网站 "Project" http://updated.psqca.com.pk/projects/.

定期或不定期地开展质量基础设施相关培训活动。

4. 中、印、巴比对分析

（1）共性。

中、印、巴三国在实验室、平台建设等方面都积极开展了标准、计量、认可和合格评定领域的实践和探索，并取得了一定成效。

（2）差异性。

中国的质量基础设施机构能力更为突出，专业更齐全，覆盖面更广。印度质量基础设施机构虽然已融合标准、认证、检验检测等服务要素，但很多技术服务尚不能直接通过线上获取。巴基斯坦质量基础设施机构的建设能力相对薄弱，主要以主管机构网站平台建设为主，相关技术服务平台正在建设完善中。

（二）人才培养

1. 中国

中国人才培养方式更具有可持续性、更多元化。一是推进学科建设，开设标准、计量的课程与学历教育，设立标准化、计量专业学位；二是产学研联合培养人才，在标准、计量等领域加强科研机构与高等院校和企业的合作，以科研项目为载体，借用高校、科研机构的优势资源共建人才培养基地；三是加强标准化、合格评定、计量等专业人才的国际交流，定期向国际组织或机构选派专业优秀技术骨干赴发达国家的技术机构进行研修学习，加强对青年人才的培养力度。

2. 印度

印度一是推动质量基础设施相关学科建设，开设为期一年的"精密测量与质量控制"全日制认证课程及首次开设"机械/电气/电子/电子与通信/仪器工程"3年制文凭课程；二是引进美国质量教育体系，通过印度国家教育和培训认可委员会在全国进行推广和认证，建立从形式到技能的转型机制；三是建立两种与质量基础设施密切相关的职业培训：工业培训机构和印度国家教育和培训认可委员会认可的职业培训机构，还合理设计运用在线培训和学习管理系统，开展质量相关的课程。

3. 巴基斯坦

巴基斯坦标准与质量控制局、巴基斯坦国家认可委员会、国家物理与标准实验室定期或不定期地开展标准、计量、认可和合格评定相关的培训研讨会。此外，在标准化人才建设上，截至2019年年底，巴基斯坦标准与质量控制局已与其国内23所高校签署了合作协议，极力推动高校标准化学科建设。

4. 中、印、巴比对分析

（1）共性。

中、印、巴三国均重视并加强对国家质量基础设施的人才培养工作，在学科建设、人才培训等方面均积极开展实践活动。

（2）差异性。

中国的人才培养方式更多元化，涉及领域更宽，范围更广，如学科建设逐渐呈现融合发展趋势，培养标准、计量、合格评定等综合型人才。印度质量基础设施的职业教育和培训更务实，注重培养专业技能人才。巴基斯坦人才培养形式、内容相对简单，以开展学科建设和举办培训研讨为主。

（三）标准发展情况

1. 中国

中国积极开展标准制修订活动，截至 2022 年年底，中国共有国家标准43 027项，备案的行业标准 78 431 项，备案地方标准 61 969 项，团体标准 51 078 项，2016 年至 2020 年中国批准发布或备案的标准数量情况见表 3.10。国际标准化组织数据显示，2015 年至 2020 年，中国主持的国际标准数量超过了800 项。① 截至 2022 年底，全国专业标准化技术委员会共 1 319 个。②

表 3.10　2016 年至 2022 年中国标准数量

标准类型	2016 年	2017 年	2018 年	2019 年	2020 年	2021 年	2022 年
国家标准	29 929	33 739	36 751	37 402	39 847	41 700	43 027
行业标准	54 108	58 883	63 382	65 960	72 620	76 168	78 431
地方标准	27 859	32 410	35 656	43 051	49 334	67 040	61 969
团体标准	386	2 072	5 869	12 275	21 350	33 403	51 078

在计量方面，截至 2022 年 7 月底，我国已建成国家计量基准 185 项、社会公用计量标准 6.3 万余项、国家标准物质 1.3 万余项，量值传递溯源体系更加完善；获得国际承认的校准测量能力达 1 816 项，排名亚洲第一，在世界也处于领先地位。③ 在合格评定方面，目前已有 36 项合格评定国际标准全部等

① 华声在线. 在这800 多个标准上，与中国接轨，就是与世界接轨［OL］.（2022-07-20）. https://baijiahao.baidu.com/s? id = 1738837256354594370&wfr = spider&for = pc.

② 国际技术标准创新基地（青岛综合服务平台）. 中国标准化发展年度报告（2022）［OL］.（2023-07-07）. http://www.nscmi.com/xydt/7397801_20230425094625.html

③ 中国质量报. 史玉成：计量工作十年来支撑高质量发展成效显著［OL］.（2022-07-15）. http://cqn.com.cn/zgzlb/content/2022-07/15/content_8843087.htm.

同转换为国家标准，已发布 94 项国家标准、136 项行业标准，统一规范了合格评定评价依据。①

2. 印度

印度标准局标准数据库资料显示，截至 2022 年 7 月底，现行印度国家标准为 20 587 项。印度制定国家标准等同、等效采用和参考国际标准。截至 2021 年 3 月 31 日，国家标准中已有 6 608 项标准与国际标准（ISO/IEC）相协调。印度国家标准的采标数量在现行国家标准数量中的占比从 2011 年的 25.72% 增至 2021 年的 30.17%，整体呈现缓慢曲折上升趋势。

3. 巴基斯坦

截至 2021 年 6 月底，巴基斯坦有国家标准 23 755 项，其中自主制定国家标准 7 248 项，国际标准采标率达 69.49%。2016 年至 2021 年，巴基斯坦国家标准情况详见图 3.14。

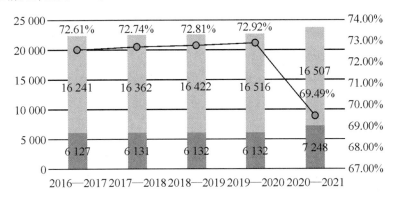

图 3.14　2016—2021 年巴基斯坦国家标准情况

4. 中、印、巴比对分析

（1）共性。

中、印、巴三国都积极制修订标准，并使国家标准与国际标准相协调。

（2）差异性。

中国标准制修订能力强于印度和巴基斯坦，并且在某些优势领域主导制定国际标准，印度和巴基斯坦暂未主导制定国际标准。

---

① 中国国家认证认可监督管理委员会. 认证认可检验检测基本情况［OL］.（2019-02-27）. http://www.cnca.gov.cn/r dzt/2019/qgh/hyzl/201902/t20190227_57090.shtml.

二、国际实践活动

（一）参与国际组织情况

1. 中国

中国常年活跃在质量基础设施相关国际组织平台。在标准领域，中国以成员身份参加了 ISO、IEC、ITU 三大国际标准化组织 90% 以上的技术委员会。截至 2022 年 8 月底，中国是 ISO 738 个技术委员会/分委员会（TC/SC）的积极成员（以下简称"P 成员"），11 个 TC/SC 的观察员（以下简称"O 成员"），3 个政策制定委员会的 P 成员；另由中国承担了 76 个秘书处工作、1 个结对秘书处（Twinned Secretariat）工作；[1] 此外，中国还是 IEC189 个 TC/SC 的 P 成员，1 个 TC/SC 的 O 成员；另由中国承担了 12 个 IEC 秘书处工作。[2] 在计量领域，中国是国际计量局、国际法定计量组织、国际计量测试联合会、亚太法制计量论坛、亚太计量规划组织（APMP）和国际标准物质信息数据库（COMAR）6 个国际和区域计量组织的正式成员；同时，还是欧亚计量合作组织（COOMET）的附属成员。中国代表担任了亚太计量规划组织等多个国际和区域性计量组织的重要职务。

在认可和合格评定领域，截至 2021 年年底，中国已累计加入 21 个合格评定国际组织，在国际人员认证协会、国际认可论坛、太平洋认可合作组织等相关国际认证组织担任重要职务，与 30 多个国家和地区建立合作机制，对外签署 15 项多边互认协议和 123 份双边合作互认安排，检验检测认证机构国际认可互认占比为 11.3%、合格评定认可制度国际互认度达 87.5%。

2. 印度

在标准领域，印度标准局曾代表印度承担 ISO 理事会和技术管理局成员责任。截至 2022 年 6 月，印度承担了 11 个 ISO TC/SC 的秘书处工作，是 489 个 ISO TC/SC 的 P 成员，187 个 ISO TC/SC 的 O 成员；[3] 同时，印度也是 102 个 IEC TC/SC 的 P 成员以及 69 个 IEC TC 的 O 成员。[4]

在合格评定领域，印度标准局也作为印度国家成员和国家认证机构代表加

---

[1] 参考 ISO 的网站 International Organization for Standardization, https://www.iso.org/member/1635.html.

[2] 参考 IEC 的网站 International Electrotechnical Commission, https://www.iec.ch/dyn/www/f? p = 103；33；1632930 9034851；:::FSP_ORG_ID,FSP_LANG_ID；1003,25.

[3] 参考 ISO 的网站 https://www.iso.org/member/1794.html.

[4] 参考 IEC 的网站 https://www.iec.ch/dyn/www/f? p = 103；33；3003438980295；:::FSP_ORG_ID,FSP_LANG_ID；1016,25.

入国际电工委员会电工产品合格测试与认证组织。印度也是国际认可论坛、太平洋认可合作组织和国际实验室认可合作组织的成员。

在计量领域，印度是国际计量局、国际法定计量组织、国际法定计量委员会的成员国之一。

3. 巴基斯坦

在标准领域，巴基斯坦于 1950 年加入 ISO，截至 2022 年 8 月底，巴基斯坦标准与质量控制局以 P 成员身份参与的技术委员会/分委员会计 31 个；以 O 成员身份参与的委员会达 166 个，以 P 成员身份和 O 成员身份参与的政策制定委员会分别为 2 个和 1 个。巴基斯坦标准与质量控制局也是 IEC 的正式成员。截至 2022 年 8 月底，巴基斯坦标准与质量控制局以 P 成员身份参与的 TC/SC 计 31 个、以 O 成员身份参与的 TC/SC 计 43 个。此外，巴基斯坦标准与质量控制局还是伊斯兰国家标准与计量研究所，南亚区域标准组织，区域标准化、合格评定、认可与计量研究所成员。

在计量领域，巴基斯坦国家计量机构巴基斯坦国家物理与标准实验室与国际计量局保持着紧密的联系。2011 年 7 月，双方签署了互认协议。此外，巴基斯坦是亚太地区计量合作组织的创始成员国之一。通过这一组织，巴基斯坦国家物理与标准实验室得以与亚太地区各国的国家计量机构保持双多边联系。在区域计量合作方面，巴基斯坦国家物理与标准实验室作为巴基斯坦国家计量机构，积极参与南亚区域标准组织主持的在 SAARC-PTB 项目框架下开展的各项计量合作活动，以协调南亚区域的计量建设工作。

在认可与合格评定领域，巴基斯坦国家认可委员会是国际实验室认可合作组织、国际认可论坛、亚太认可合作组织、国际清真认可论坛等组织成员。

4. 中、印、巴比对分析

（1）共性。

中、印、巴三国质量基础设施实践都重视与国际接轨，积极参与标准、计量、认可与合格评定等国际组织，并且中印巴同为 ISO、IEC、APMP 等国际组织成员。

（2）差异性。

从参与国际组织技术机构数量上看，中国加入 ISO/IEC 技术机构的数量多于印度和巴基斯坦（见图 3.15 和图 3.16）。在国际组织中发挥的作用上，中国在 NQI 国际组织中更主动、更活跃，担任领导职务更多，发挥作用更大，在优势领域，积极发挥其"主导"优势，提升国际影响力和话语权。印度积极追赶向"一流"水平靠拢，谋求国际组织的领导地位。巴基斯坦主要以积极参与为主,更多处于"跟随"状态。

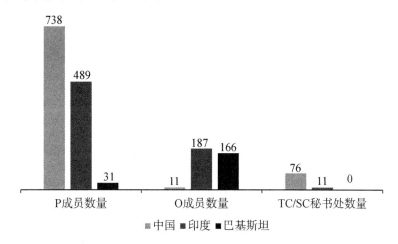

图 3.15 中、印、巴参与 ISO 技术委员会情况

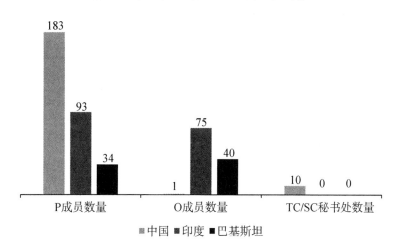

图 3.16 中、印、巴参与 IEC 技术委员会情况

(二)双多边合作与互认

1. 中国

在标准领域,截至 2021 年 5 月底,中国已与 54 个国家签署 97 份标准化合作文件,① 其中,与英国、法国国家标准化机构共同发布了中英、中法标准

---

① 国家市场监督管理总局副局长田世宏于 2021 年 5 月 12 日在"第五届丝绸之路国际博览会暨中国东西部合作与投资贸易洽谈会——标准化与现代产业体系高峰论坛"上致辞。

互认清单，实现了 60 余项标准的互认。① 在计量领域，与 20 多个国家和地区签署 65 份计量合作协议。在认可和合格评定领域，中国已建立了国际互认体系国内运作机制，推动了国际互认成果的落地转化。截至 2020 年年底，中国已累计加入 21 个合格评定国际组织，与 30 多个国家和地区建立合作机制，对外签署 15 项多边互认协议和 123 份双边合作互认安排。

2. 印度

在标准和合格评定领域，印度标准局代表印度积极与其他国家和区域的标准化机构在标准与合格评定领域签署了一系列谅解合作备忘录。截至 2022 年 7 月底，印度标准局与 ISO、日本、美国等国家或区域组织签署了 40 份合作协议。印度检测校准实验室国家认可委员会与国际实验室认可合作组织、亚太实验室认可合作组织也签署了实验室检验检测的互认协议。印度认证机构国家认可委员会与国际认可论坛、太平洋认可合作组织在质量管理体系、职业健康安全管理体系、能源管理体系等领域签署多边互认协议。在计量领域，印度物理实验室代表印度签署国际计量委员会互认协议。

3. 巴基斯坦

标准领域，巴基斯坦标准与质量控制局已与 11 个国家的 12 大标准化组织签署了合作备忘录。计量领域，巴基斯坦国家物理与标准实验室与国际计量局签署了《各国计量基（标）准互认和各国计量院签发的校准与测量证书互认协议》。认可领域，巴基斯坦国家认可委员会已与国际实验室认可合作组织和亚太认可合作组织在测量和校准实验室、检验检测机构领域签署相互承认协议，与国际认可论坛和亚太认可合作组织在质量管理体系、环境管理体系和产品认证领域签署多边承认协议。

4. 中、印、巴比对分析

（1）共性。

中国、印度和巴基斯坦都积极参与双多边合作与互认。

（2）差异性。

在双多边合作协议签署数量上，中国数量多于印度和巴基斯坦，并主导搭建了一些固定双边合作机制。

---

① 中国市场监管报. 我国标准化管理概述 ［OL］. (2019-07-02). http://baijiahao.baidu.com/ s？id＝1637901435044582024&wfr＝spider&for＝pc.

（三）质量基础设施国际项目合作

1. 中国

中国近年来根据自身发展优势，以双边或借助区域和全球性经济组织平台的多边形式对周边国家开展技术援助工作。其中，自 2015 年起，中国开始开展对发展中国家的计量技术援助。双边援助以柬埔寨、蒙古、南非、泰国等国家为重点援助对象，多边援助广泛利用了国际计量局、亚太计量规划组织、亚太认可合作组织、澜湄合作等框架下的多种机制。此外，科技部和国家国际发展合作署也不时资助开展与质量基础设施相关的对外技术援助项目。

2. 印度

印度积极参与国际合作项目及相关活动，成立印度-德国质量基础设施双边工作组；并与联合国工业发展组织一起共同为发展中国家开发"市场准入和贸易便利化"项目。

3. 巴基斯坦

巴基斯坦质量基础设施的建设与发展，极大程度上得益于国际合作项目提供的资金与技术支持。2004 年至 2014 年，由欧盟资助的贸易相关技术援助项目为巴基斯坦质量基础设施建设提供了技术指导和资金支持，并为其可持续性发展打下了坚实的基础。与此同时，由联合国工业发展组织和经济合作组织联合提出的区域质量基础设施发展项目则为巴基斯坦国家质量基础设施政策文件的制定提供了理论指导。

4. 中、印、巴比对分析

（1）共性。

中、印、巴三国均积极参与国际合作项目及相关活动，并在项目中发挥自身作用。

（2）差异性。

中国、印度和巴基斯坦在参与国际合作项目中所处的地位和角色不同。中国以开展技术援助或以技术支持国的身份积极牵头协助他国建立健全国家质量基础体系；印度既接受技术援助，也发挥自身技术和资金优势积极影响周边国家；巴基斯坦则以接受技术援助为主，其质量基础设施的建设与发展，极大程度上得益于国际合作项目提供的资金与技术支持。

第四章　中、印、巴质量基础设施互联互通合作建议

　　考虑到南亚地区对中国的战略重要性及国家质量基础设施在中南经贸投资合作中的促进作用，前文对中国与南亚重点国家（印度、巴基斯坦）的质量基础设施发展历程和发展现状进行了梳理和比对分析，以探讨优化中国 NQI 和开展中南 NQI 合作的可能性。比对结果显示，虽然三国同属于发展中国家，但是由于三国的历史背景、国家体量、管理体制、经济发展程度、国家整体实力不同，其国家质量基础设施建设也体现出一定的共性和差异性。

　　当然，比对的目的不在于证明孰优孰劣，而在于取长补短，共同发展。前文从政策战略、法律法规、体制机制、实践活动四个维度出发对中、印、巴三国的 NQI 发展现状进行了比对，得出在优化中国 NQI 工作中值得借鉴的经验和做法，可做参考和避免的路径，及促进中南国家质量基础设施合作的切入点。其中，在战略政策方面，印巴两国的做法在一定程度上能够避免中国条块化规划导致的 NQI 各要素发展程度参差不齐、各要素之间各自为政且融合发展不足的问题。不过，巴基斯坦两次制定质量政策及其后续的实施情况，一方面凸显出政府提供持续性的资金和政策支持对 NQI 建设的重要性；另一方面也表明以巴基斯坦为代表的南亚国家，在建立健全本国质量基础设施工作中对外国资金和技术的依赖程度高。此外，通读中、印、巴三国的 NQI 战略政策文本，我们可以明确感知到在对外开展 NQI 合作方面，中国具有积极主动性、印度具有主动性与防御性和巴基斯坦具有主动跟随性。因此，在开展区域、多双边 NQI 合作中，中国或可在条件允许的前提下主导开展中南 NQI 合作工作。在法律法规方面，中、印、巴三国均建有适当的 NQI 法律框架，只是立法体系还不够完善。值得一提的是，与中国就标准、计量、认证认可等各要素出台相关法律法规的方式不同，印度和巴基斯坦所出台的 NQI 立法被界定为"NQI 主管机构职能法"或许更为合适。据此，也不难理解，为何印巴部分 NQI 相关主管机构会具备对多项 NQI 要素管理的职能。因此，在管理机制方面，首先值

得探讨的是，印巴两国将国家标准和合格评定管理权力交由一家机构行使的做法是否更为有效？此类做法是否有利于解决当前中国"条块化"管理所面临的资源浪费、NQI 机构横向协同与市场活力不足的问题？其次，研究表明，中国的质量基础设施机构与贸易产业部门缺乏衔接，这一现状不利于我国迅速有效地开展技术性贸易措施应对工作。最后，中、印、巴三国认可与合格评定的发展差距表明，中国与印巴在认可与合格评定领域仍具有较大的合作空间。在实践活动方面，人才、信息、资金的支持是 NQI 可持续发展的基本前提。当前，中国在 NQI 人才培养上，面临着 NQI 学科知识体系与市场需求脱节、融合的 NQI 要素教学框架空缺、民众的质量意识不强等问题；在信息平台建设上，存在着计量、标准、认可与合格评定、技术法规体系信息分散，企业、消费者无法轻易获取综合全面的信息等问题；在资金支持上，存在行业、企业等社会力量在 NQI 建设中参与力度和资金投入不足等问题。印度和巴基斯坦的有关做法或可资借鉴。

基于以上分析，笔者拟从国际和国内两个层面，就优化我国质量基础设施体系、提高我国质量基础设施国际化发展水平、助推中国与印巴及其他"一带一路"沿线国家的 NQI 合作提出有效建议。

第一节　国际层面

一、畅通交流渠道，搭建合作平台

当前，在共建"一带一路"倡议下，中国与南亚国家的合作遍布经济贸易、投资、基础设施、服务等多个领域，并取得良好成果，这些都离不开质量基础设施的重要支撑作用。畅通质量基础设施交流渠道，搭建质量基础设施合作平台，对推动产业升级、促进贸易便利化具有积极推动作用。

（一）构建多元、多层次的质量基础设施双多边合作机制

中国现已设立 13 个区域标准化研究中心，开展标准化领域双多边合作。实践表明，虽然目前中国与南亚的双多边活动取得一些成果，如定期召开中国-南亚标准化合作工作会议、签署标准化合作协议等，但其合作深度和广度有待进一步加强。中国有必要积极发挥区域标准化研究中心的作用，在现已搭建的中国与南亚国家标准化合作平台和已签署的中尼、中孟、中巴标准化合作协议的基础上，以落实双边合作协议项目成果为切入点，不断扩展外延、深化内涵，举办更多高水平的双多边活动，建立更多元、多层次的质量基础设施双多

边合作机制。通过加强中国与南亚国家在质量基础设施建设领域的合作交流，搭建技术机构间的对话平台，从而推动中国与南亚在标准、计量、检验检测和认证认可领域的互认共享，为质量基础设施领域的业务合作与人员交流提供稳健支撑。

（二）积极搭建全球质量基础设施项目平台

以印度为例，印度注重通过全球质量基础设施项目合作促进与贸易伙伴国的政治和技术对话。2013年，印度消费者事务、食品和公共分配部与德国联邦经济事务和能源部成立了以减少技术贸易壁垒，加强产品安全，确保消费者利益为目标的全球质量基础设施双边工作组。工作组汇集了相关部委、技术机构及行业协会的代表，聚焦国际贸易，研究了印度现有质量基础设施发展的情况，在智慧城市、电信设施、低压直流、医疗设备、机械安全等重点领域开展务实合作，形成了多项联合研究成果，为印度的标准、技术法规、认可与合格评定及市场监管的发展提供了指引。我国同样与德国等发达国家开展类似的项目合作，可借鉴该模式在"一带一路"沿线国家与地区推广全球质量基础设施的项目合作，深化项目内涵，共享项目成果。

（三）加强质量基础设施综合信息服务平台能力建设

目前，我国已搭建南亚标准化综合信息服务平台、成立中国南亚技术转移中心等服务平台以促进中国与南亚创新合作与发展，但跨区域平台资源尚未得到充分利用，平台建设需进一步深化。建议中国与南亚共同开发质量基础设施综合信息系统，不断扩大平台建设规模，合作开发精准、高效、综合性的数据库，整合中国与南亚在标准、计量、认证认可和检验检测等领域的信息资源并及时更新，持续丰富信息服务内涵，真正实现"资源共享、互利共赢、协同发展"的合作目标。

二、积极开展对南亚国家质量基础设施建设的资金和技术援助工作

以巴基斯坦为例，资金短缺是阻碍巴基斯坦建立健全国家质量基础设施的关键因素。巴基斯坦《国家质量政策规划（2004）》本身因为建设预算不足、部门执行规划失当等问题，导致该项国家质量政策成为一纸空文。2004年至2014年，经过由欧盟主导的两期贸易相关技术援助项目和联合国工业发展组织、挪威开发合作署在项目过渡期提供的资金、技术援助，巴基斯坦国家质量基础设施建设能力得到了大幅度提升。项目组在此期间协助巴基斯坦制定了《巴基斯坦国家质量政策（2014）》最终草案。直到2021年，巴基斯坦政府才在《巴基斯坦国家质量政策（2014）》最终草案的基础上修订出台《巴基

斯坦国家质量政策（2021）》。巴基斯坦政府换届、联邦政府工作重心转移和财政预算经费不足，致使最终草案成型至正式出台耗费了7年左右的时间。因此，以恰当的方式推动中巴两国质量基础设施建设合作，发挥中国自身优势，就其不足之处提供必要的技术和资金支持，助其打造优质的国家质量基础设施，有利于促进中巴两国的贸易投资的互联互通。

对外提供资金和技术援助的途径大致分为两类。其一，由国家独立开展对外援助。近年来，日本在南亚地区通过提供技术和资金支持的方式影响南亚国家质量基础设施建设的策略尤其值得关注。2015年，时任日本首相安倍晋三提出主要针对亚洲的对外基础设施输出新战略——打造"高质量基础设施合作伙伴关系"。按日本政府对"高质量基础设施合作伙伴关系"的解释，"基础设施"不仅包括铁路、公路、发电站等传统项目，还涵盖石油、天然气、医院等广义项目，此外特别涉及人才培养、法治建设等，旨在加强日本与亚洲各国"人"和"制度"的互联。高质量基础设施合作伙伴关系有利于增强日本在相关地区的影响力和相关领域的主导力。这种"一揽子输出"的方式强化了当地在经济上对日本的某种依附性。[1] 在这一战略指导下，日本外务省的直属部门日本国际协力机构（Japan International Cooperation Agency）积极在南亚地区开展资金和技术援助项目。日本国际协力机构在南亚各国均设有办事处，以技术合作项目、贷款、赠款等形式，与南亚各国的教育、健康、灾害管理、环保、农田灌溉、交通、电力领域的相关部门开展项目合作，并借此影响南亚国家质量基础设施建设政策规划。其中，由日本国际协力机构实施的技术合作项目包括从日本派遣专家、提供必要的技术设备和对口组织人员培训。2015年至2019年7月1日，日本国际协力机构与巴基斯坦签署了11项技术合作项目。其中便涉及协助巴基斯坦制定节能标准和参与制定强制性认证产品标签方案等。

其二，由国际、区域组织或多国发起，由某一国家牵头执行。这一方式有利于带动牵头执行国家的优势领域技术在国际社会的推广应用。譬如，由联合国开发计划署和全球环境基金于2009年共同发起的亚洲能效标准和标签/认证有效建立和实施障碍消除（BRESL）项目，便由中国牵头执行。项目期间，海尔凭借在巴基斯坦雄厚的科技实力和品牌影响力，作为中方家电领域的技术资源方为巴方提供相关支持，同时参与并主导制定了巴基斯坦家电能效标准。

---

① 孟晓旭. 日本高质量基础设施合作伙伴关系的构建与前景 [J]. 国际问题研究，2017（3）：76-86.

当然，"各种形式的对外援助其本质都是政治性的，主要目标都是实现国家利益"①。通过资金和技术援助的方式协助南亚国家建立健全国家质量基础设施，对中国和南亚国家来说是一件双赢的事情。对南亚国家而言，有利于其规范国内市场、保护国民健康安全、打造良好营商环境、有效应对国际贸易壁垒等；对中国而言，便于中国产品顺利进入南亚国家市场、保障中方投资环境安全。

三、发挥中国质量技术与优势企业"走出去"的双向促进作用

质量基础设施体系与市场、消费者的根本联系来自企业提供的产品、技术与服务。随着"一带一路"倡议的推进，中国企业加快"走出去"的步伐，一方面通过中国产品、技术、服务的"走出去"带动中国质量基础设施"走出去"；另一方面，中国质量基础设施在海外的认可与发展同样助推我国的产品、技术、服务"走出去"。

一是优势企业助推中国质量基础设施技术"走出去"。以巴基斯坦海尔工业园援助项目为例，海尔通过产品质量、服务和品牌竞争的胜利，获得了巴基斯坦消费者对中国品牌、中国产品质量的认可，促进了中国质量基础技术"走出去"。在标准领域，海尔与巴基斯坦科技部共建空调能效标准体系，主动引领巴基斯坦家电行业向低能耗、环保方向发展；在合格评定领域，2020年1月10日，海尔空调实验室获得巴基斯坦国家认可委员会授权，成为巴基斯坦首家授权的国家级空调能效实验室，基于 ISO 17025 的海尔空调实验室出具的报告在全球 70 多个国家有效通行。鉴于此，有必要充分发挥先进企业的技术优势，以过硬的产品质量、服务、品牌建设等推动中国质量基础技术输出。在企业"走出去"的过程中，逐步加大对南亚地区技术、资金、人才培养的投入力度，提升我国标准、计量、认证认可与检验检测在南亚地区的影响力，最终在南亚国家及"一带一路"沿线各国树立中国优质制造的原产地形象，为未来的长期合作打下坚实基础。

二是在南亚本土建立产品检验检测中心带动中国企业"走出去"。检验检测作为标准的重要载体，发挥其技术优势，对于产品的技术提升、质量保证等具有至关重要的作用。我国可以在南亚经济政治安全环境较好、产业需求发展快的国家设立产品检验检测园区。首先，联合行业、企业及检验检测机构先行

---

① Hans M. A political theory of foreign aid [J]. American Political Science Review, 1962, 56 (2): 1962.

成立检验检测点；其次，依托我国成熟的检验检测设备、手段及专业性人才的优势，提供低价甚至是免费的检测服务；再次，结合检验检测结果，为当地建立起一整套产品质量溯源体系，同时还提供配套的标准、计量、认证检验检测、质量管理等质量基础设施一站式服务；最后，充分发挥检验检测中心的试点效应，以点带面，将其运营模式逐步推向其他产业或国家，带动更多的中国企业、产品、技术、服务"走出去"。

第二节　国内层面

一、健全我国质量基础设施相关法律制度

发达国家的经验表明，完善的质量基础设施相关法律制度能更有效地约束组织行为，促进产品质量水平提升，是实现制造强国的关键内核。我国的质量基础设施法律框架是以《中华人民共和国标准化法》《中华人民共和国计量法》《中华人民共和国认证认可条例》《中华人民共和国特种设备安全法》《中华人民共和国产品质量法》等为主，各相关业务条块的主管部门依据行业或专业领域相关法律法规，履行其管理质量基础设施体系的职能与责任。笔者调查研究发现，我国拥有庞大质量基础设施法律体系，虽然法律法规依据众多，但质量政策等治理体系不足，协调质量基础设施的不同部门和机构活动的技术法规框架法仍是空白，质量基础设施立法框架有待完善，目前难以为质量基础设施体系的高质量建设和高效率运转提供周全的法制保障。因此，笔者建议一方面全面审查现有质量基础设施立法与法律法规实施中的问题，更新修订或删除不能适应当前发展形势的法律法规条款，以是否满足当前市场与消费者反馈的需求为衡量标准，定期核查法律法规的内在科学性与合理性；另一方面加强国际法律法规的研究与运用，推动关注有助于政府与市场之间良好互动合作关系的法制化建设，为我国国家质量基础设施体系的现代化和国际化发展提供法律依据。

二、完善质量基础设施体系，推动机构融合发展

我国与印度、巴基斯坦的质量基础设施管理机制的比对，归根结底，是对以苏联、欧美质量基础设施建设体制为蓝本的两种基础体制模式的比对。虽然这两种模式各有利弊，但我国质量基础设施体系仍存在两大问题：一是行政管理部门、技术支撑机构分立造成行业壁垒，条块与区域分割造成不同程度上的

重复建设。二是质量基础设施服务机构具有行政化倾向，横向协同能力与市场活力不足；市场上技术机构数量众多，但低端竞争和市场乱象层出不穷；机构的业务能力无法满足日益增长的专业化、市场化、高端化需求，缺乏具有国际市场竞争力的龙头技术机构。因此，亟须优化我国质量基础设施体系，建设具有市场活力、适应当前经济社会需要的质量基础设施机构。

第一，加强机构横向整合与资源优化，发挥质量基础设施各要素的协同作用。研究表明，印度标准局、美国国家标准与技术研究院（NIST）等国家的质量基础设施技术机构兼具标准和（或）计量、合格评定服务等职能，最大限度地发挥了质量基础设施机构的技术支撑作用，形成了典型的质量基础设施一体化机构发展模式。目前，我国经济发达地区的一些质量技术机构如深圳计量质量检测研究院等已开始进行职能一体化发展模式的探索。

第二，探索机构市场化改革新模式。从中央到地方的各级机构的公共干预、市场服务的作用不同，因此其定位与协调融合发展的道路也不同。以印度为例，虽然印度标准局是自治的法定机构，但表现出强大的公共干预职能，与此同时，设立了委员会制度，使社会各利益相关方参与机构建设，赋予机构更大的市场活力。值得一提的是，深圳计量质量检测院在探索机构市场化改革道路方面也走在全国前列，通过"法定机构"的市场化运作赋予其财务、资源等更多的灵活性。

三、优化质量基础设施建设的资源配置

制定并落实质量基础设施战略政策与法律法规，有效运行质量基础设施体制机制都离不开人力、资金、信息等资源的支撑。

（一）积极推进质量基础设施人才队伍建设

虽然我国在加强质量学科建设和人才国际交流方面已经有了显著成果，但就应用层面而言，目前我国还存在"与市场需求脱节"和"缺乏复合型质量基础设施人才""意识培养不到位"等方面的问题。以印度为例，在学科建设方面，其人才培养方面理论与实践结合较好，开设的学科与课程并非"标准化"或"计量"，而是将行业应用的计量、认证与质量控制进行关联，将课程理论模块与讨论、辅导课与检验检测、校准等实践课程相结合，课程设置的实操性强；在意识培养方面，尤其强调在全国范围内树立质量观，让公众了解并重视质量基础设施活动带来的益处，鼓励包括消费者在内的各利益相关方积极参与质量基础设施建设。因此，我国或可借鉴国外经验，积极探索质量基础设施人才培养新机制，着重培养满足市场需求的质量基础设施人才，培育与引进

懂标准、合格评定、质量管理并具有行业背景的复合型人才。

（二）多元化加强质量基础设施建设的资金保障

中国政府工作报告中提到"强化质量基础支撑"，各级政府及部门已经将标准、计量、认可与合格评定等质量基础设施建设活动资金列入重点支持专项和年度经费预算，积极引导合格评定机构的市场化行为。参考巴基斯坦由于缺乏持续性的资金投入和政策支持等原因，导致该国《国家质量政策规划（2004）》不能贯彻实施的实践经验，我国需确保质量基础设施建设资金的长期性与稳定性，一是通过政策措施、资金等持续投入调动多元化的利益相关方参与质量基础设施建设，尤其是激发行业、企业等社会力量的积极性；二是奖惩制度相结合，一方面利用"加计扣除"等优惠政策激励企业加大对质量技术的投入力度，另一方面严格评审制度，实施有效处罚办法。例如，针对当前合格评定服务市场乱象丛生的问题，有必要限制市场的低价竞争，可以参考国际良好实践，对合格评定机构规范管理，建立合格评定机构的评审机制，根据其合格评定结果，通过奖励退税或者资金处罚等手段来规范市场。

（三）深化质量基础设施信息化建设

深化质量基础设施信息化建设，打通企业、消费者与质量基础设施机构之间的数据通路，加快质量基础设施数据信息的流动性，提高其资源配置率。以印度工业联合会管理的印度标准门户网为例，该信息平台包含了标准、合格评定、认可、检验检测、技术法规（市场监管）等质量基础设施的重要要素，为企业、消费者与质量基础设施机构搭建了对话通道。质量基础设施信息平台不仅是国家层面需要，在企业的国际国内项目也需要类似的信息化建设。比如，目前国内的大型工程类项目，甲乙双方已经联合开发工程项目信息技术平台，利用工业互联网、大数据等基础，将标准、检验检测、认证等数据信息贯穿应用于设计、实施、运营、维护、服务等整个项目流程。笔者建议将此类示范性项目信息技术平台向国内其他项目或者国际合作项目进行复制推广，由此，既能保障项目实施与管理的顺利运行，又能扩展标准、合格评定、质量管理等方面的质量基础设施合作。

结束语

　　本书针对我国与印度、巴基斯坦的质量基础设施在政策战略、法律法规、体制机制、实践活动方面的建设情况进行了比对分析，从国际与国内两个层面提出了相关建议。

　　随着"一带一路"倡议的深入实施，中国和南亚双边贸易投资持续增长，双边重点项目建设迅速发展，在共商、共建、共享的各个重大项目中，质量基础设施正在不断发挥着重要支撑作用。因此，开展中国与印度、巴基斯坦的国家质量基础设施建设比较研究恰逢其时且意义重大。由于时间等条件的限制，本书仅对印度、巴基斯坦的质量基础设施进行了初步的研究，从研究广度与深度来说尚有不足之处，有关南亚其他国家、南亚国家具体行业与产品等质量基础设施方面的问题，在未来工作中有待进一步展开研究。

参考文献

洪生伟，2018. 计量管理 [M]. 7 版. 北京：中国质检出版社/中国标准出版社.

海珠区市场监管体系建设试点工作办公室，2012. 市场监管体系研究报告 [R/OL]. http//www.docin.com/p-2185043479.html,12-02/2023-03-06.

华声在线. 2022. 在这 800 多个标准上，与中国接轨，就是与世界接轨 [EB/OL]. https://baijiahao.baidu.com/s? id = 1738837256354594370&wfr = spider&for = pc,07-20/2023-03-06.

李德昌，1985. 独立以来的巴基斯坦经济：兼与印度比较 [J]. 南亚研究季刊（1）：11-13.

吕长城，2017. 当前我国市场监管体制改革的行政法治检视 [J]. 中国行政管理（4）：5.

孟晓旭，2017. 日本高质量基础设施合作伙伴关系的构建与前景 [J]. 国际问题研究（3）：76-86.

全国认证认可标准化技术委员会，2018. 合格评定在中国 [M]. 北京：中国标准出版社.

全国专业标准化技术委员会信息公示系统，2020. 全国专业标准化技术委员会管理办法（修订）[EB/OL]. http://org.sacinfo.org.cn:8088/tcrm/recruit-index/notice/1742.do? menuItem=1,10-23/2023-03-06.

人民资讯，2021. 2020 中国标准化发展年度报告：数说 2020[R/OL]. http://baijiahao.baidu.com/s? id = 1715907343605297138&wfr = spider&for = pc,11-09/2023-05-02.

深圳市市场和质量监督管理委员会，深圳市发展和改革委员会，2018. 深圳市质量基础设施建设发展规划（2018—2020）[EB/OL]. http://amr.sz.gov.cn/attachment/0/987/987721/2009608.pdf,06-03/2023-05-06.

孙士海，葛维钧，2006. 列国志：印度 [M]. 北京：社科文献出版社.

肖兴志，宋晶，2006. 政府监管理论与政策［M］. 大连：东北财经大学出版社.

中国标准化研究院，2011. 2010 年国际标准化发展研究报告［M］. 北京：中国标准出版社.

中国国家认证认可监督管理委员会，2019. 认证认可检验检测基本情况［EB/OL］. http://www. cnca. gov. cn/rdzt/2019/q gh/hyzl/201902/t20190227_57090. shtml,02-27/2023-05-06.

中国合格评定国家认可委员会，2022. 认可的认证机构统计信息［EB/OL］. http://cnas.org.cn/rkxx/rzjgtjxx/08/909044. shtml,08-05/2023-05-06.

中国合格评定国家认可委员会，2022. 认可的实验室统计信息［EB/OL］. http://cnas.org.cn/rkxx/systjxx/08/909042. shtml,08-05/2023-05-06.

中国合格评定国家认可委员会，2022. 认可的检验机构统计信息［EB/OL］. http://cnas.org.cn/rkxx/jcjgtjxx/08/909040. shtml,08-05/2023-05-06.

中国计量科学院，2019. 国家质量政策：指导原则、技术指南和实践工具［M］. 北京：中国标准出版社.

佚名，2019. 我国标准化管理概述［N］. 中国市场监管报，07-02（8）.

史玉成，2022. 计量工作十年来支撑高质量发展成效显著［N］. 中国质量报，07-15（1）.

中国质量新闻网，2022. 中巴标准化合作谅解备忘录纳入高访成果［EB/OL］.https://baijiahao.baidu.com/s？ id = 1724813103810889563&wfr = spider&for = pc,02-15/2023-05-06.

Business Recorder, 2015. Muhammad Iqbal: Services offered by Quality Control Centre of PSQCA［EB/OL］.https://fp. brecorder.com/2005/10/20051014340819/, 10-14/2023-05-06.

HANS M, 1962. A political theory of foreign aid［J］. American Political Science Review, 56（2）：301-309.

Japan International Cooperation Agency, 2019. Maps of JICA Major Projects (Pakistan)［EB/OL］.https://libportal. jica. go. jp/library/Data/PlanInOp eration-e/EastSouthAsia/063_Pakistan-e.pdf,07-01/2023-04-23.

Japan International Cooperation Agency, 2018. Maps of JICA Major Projects (Pakistan)［EB/OL］.https://libport al. jica. go. jp/library/Data/PlanInOperation-e/EastSouthAsia/063_Pakistan-e.pdf,10-01/2023-04-23.

Martin K, 2019. Pakistan QI toolkit case studies: international bank for reconstruction and development [R]. The World Bank and Physikalisch – Technische Bundesanstalt (PTB).

Saeed A S, 2015. Pakistan standards & quality control authority (PSQCA): A Critical Analysis [R]. 17th Senior Management Course.

SAHAR S HUSSAIN, VAQAR A, 2012. Experiments with industrial policy: the case of Pakistan [J]. Sustainable Development Policy Institute, 124 (2): 257 – 263.

TRTA Pakistan, 2004. National Proficiency Testing services launched throughout Pakistan with the support of TRTA II Programme [EB/OL].http://trtapakistan.org/national-proficiency-testing-services-launched-throughout-pakistan-with-the-support-of-trta-ii-programme/,01-29/2023-04-12.